互联网金融风险与监管

谢平　邹传伟◎主编

徐琳　蒋佳秀　姚崇慧　杨鑫杰　李雪婷　张浅◎参编

中国金融出版社

责任编辑：刘红卫
责任校对：李俊英
责任印制：陈晓川

图书在版编目（CIP）数据

互联网金融风险与监管（Hulianwang Jinrong Fengxian yu Jianguan）/
谢平，邹传伟主编．—北京：中国金融出版社，2017. 12
　ISBN 978 - 7 - 5049 - 7359 - 7

　Ⅰ.①互…　Ⅱ.①谢…②邹…　Ⅲ.①互联网络—应用—金融风险—风险管
理—研究—中国②互联网络—应用—金融监管—研究—中国　Ⅳ.①F832. 29

中国版本图书馆 CIP 数据核字（2017）第 292339 号

出版
发行　**中国金融出版社**

社址　北京市丰台区益泽路 2 号
市场开发部　（010）63266347，63805472，63439533（传真）
网 上 书 店　http：//www. chinafph. com
　　　　　　　（010）63286832，63365686（传真）
读者服务部　（010）66070833，62568380
邮编　100071
经销　新华书店
印刷　保利达印务有限公司
尺寸　169 毫米×239 毫米
印张　13. 75
字数　150 千
版次　2017 年 12 月第 1 版
印次　2017 年 12 月第 1 次印刷
定价　40. 00 元
ISBN 978 - 7 - 5049 - 7359 - 7
如出现印装错误本社负责调换　联系电话（010）63263947

互联网金融的本质是金融。传统金融业所面临的风险，如信用风险、流动性风险、市场风险、操作风险、合规风险和声誉风险等在互联网金融领域同样会有所显现，只是产生机理在某些方面会有所不同。另外，由于目前互联网金融多未实行牌照管理，相对传统金融门槛较低，难免鱼龙混杂，所以风险程度也往往高于传统金融业，客观上需要更为严格的监管，建立更为完善的应对机制。同时，作为依赖互联网开展业务的新兴行业，互联网金融面临更为严峻的数据安全、网络安全及业务连续性等方面的新风险。

2014 年和 2015 年我国互联网金融快速发展，而监管相对缺位、滞后，导致行业风险快速集聚。2015 年 7 月，中国人民银行及工业和信息化部等多部委联合印发了《关于促进互联网金融健康发展的指导意见》（以下简称《指导意见》），提出了一系列鼓励互联网金融发展的政策措施，同时按照"依法监管、适度监管、分类监管、协同监管、创新监管"的原则，对互联网支付、网络借贷、股权众筹融资、互联网基金销售、互联网保险、互联网信托和互联网消费金融等七个互联网金融业态进行了业务界定，明确了监管责任。2015 年年底，"e 租宝"事件爆发。在《指导意见》的基础上，2016 年 4 月，国务院开启了为期一年的互联网金融风险专项整治工作。2016 年 10 月，国务院发布《互联网金融风险专项整治工作实施方案》（以下简称《实施方案》），风险专项整治工作有六个重点领域：非银行支付机构、P2P 网络借贷、股权众筹、互联网保险、互联网资产管理以及互联网广告和理财。《指导意见》第十九条提出"人民银行会同有关部门，组建中国互联网金融协会。协会要按业务类型，制订经营管理规则和行业标准，推动机构之间的业务交流和信息共享。协会要明确自律惩戒机制，提高行业规则和标准的约束力"。2016 年 3 月 25 日，全国性的行业自律组织——中国互联网金融协会成立，《实施方案》进一步赋予其"制定行业标准和数据统计、信息披露、反不正当竞争等制度，完善自律惩戒机制，开展风险教育，形成依法依规监管与自律管理相结合、对互联网金融领域全覆盖的监管长效机制"等自律监管职能。在风险专项整治工作的开展及行业自律组织成立的同时，针对 P2P 网络借贷的监管文件也密集出台。综上所述，2016 年被业界称为互联网金融"监管元年"。

国家互联网金融风险分析技术平台①监测数据显示，截至 2017 年 2 月

---

① 2016 年 8 月，国家互联网应急中心建立的国家互联网金融风险分析技术平台上线，对互联网金融风险进行监测。同时，为保障技术平台的专业性和权威性，在工业和信息化部指导下，国家互联网金融安全技术专家委员会成立，为该平台提供指导。

28 日，共收录互联网金融网站 16372 家，其中在运营平台 10355 家，主要分布在广东（2851）、北京（2405）、上海（2214）、浙江（1191）、山东（1012）等地；发现存在违规或异常的互联网金融平台计 1250 家，与 2016 年 8 月 26 日的 3300 家相比，已明显减少。这从侧面反映了 2016 年以来互联网金融风险专项整治工作的成效。

整体上，2016 年以来互联网金融的监管趋严。在不同的业态及领域，互联网金融的创新与监管大致有以下几种情况：

对于起步较早、发展相对成熟、监管体系较为完善的互联网金融业态，在原监管文件中增加了针对新趋势、新问题的具体条款。比如互联网基金销售自 2003 年开始发展以来相对稳定，未出现过大规模的恶性风险事件。作为基金销售的一种形式，互联网基金销售在规模上已经占据了基金销售的半壁江山，在监管上适用于传统基金销售相关法律法规。针对余额宝上线后带来的"宝宝类"线上货币基金的快速发展以及相关的违规宣传推介等问题，2015 年 12 月证监会发布的《货币市场基金监督管理办法》增加了具有针对性的补充条款。同时，互联网金融作为新兴领域，业务创新是个动态的过程，一些新的业务模式仍面临监管的空白。比如互联网基金销售中近年来兴起的一键组合、智能投顾等，缺少明确的行业标准，难免鱼龙混杂，而投资者缺乏专业的辨识能力，客观上需要监管层制定相应的业务规则，以保护投资者利益，促进行业有序发展。

在发展较为迅速、整体规模较大且发生过恶性风险事件的互联网金融领域，相关监管部门出台了监管法规。如 P2P 网络借贷，截至 2016 年年底，全国 P2P 网贷的贷款余额已达 1.21 万亿元，相应地监管跟进的步伐较快。2016 年以来，有多个针对 P2P 网络借贷的监管文件相继出台，监管的跟进有利于行业的优胜劣汰及良性发展，也符合金融消费者的利益。

而在一些仅仅出现了零星的创新，整体规模相对较小的互联网金融领域，监管相对滞后。比如互联网信托创新中的互联网消费信托领域，尚未出台具有针对性的监管文件或者在原有监管文件中增加具有针对性的监管条款。在这些监管空白的领域进行互联网金融创新，客观上需要行业与监管层加强沟通，同时从业者需要在监管的边界内找到业务创新的定位，以免违规被叫停而付出较高的"试错成本"。

还有一些有悖于现有监管规则的创新，如 2014 年至 2015 年出现的提供信托合买及信托受益权拆分与转让服务的互联网信托理财平台，后来在监管的压力下，进行了业务的转型，如梧桐理财、信托 100 等。这也为互联网金融的实践者们提供了前车之鉴——创新不能触碰现有监管的底线。

国外多对互联网金融的创新给予了支持的政策，其在监管方式、监管侧重以及监管科技的运用和"监管沙盒"的实施等方面的实践可资借鉴。

总体而言，现有监管体系在贯彻穿透式监管、功能监管等基本原则的同时，在监管法规建设上逐步跟进互联网金融业务的发展。但业务创新是个动态的过程，至今在某些领域仍有监管的空白需要填补，同时对于一些处于灰色地带的创新业务，需要在监管上给予明确的定性，以维护市场秩序，鼓励公平竞争。另外，对国外的监管实践也可进行适当的借鉴。

总体上，2016 年以来我国在互联网金融的监管方面做了大量工作，监管趋严使得行业快速发展过程中所集聚的风险在一定程度上得到控制和释放，但监管的完善本身也需要一个过程。以此为背景，本书对互联网金融

各业态的发展及风险作了具体分析，并针对各业态系统梳理了截至 2017
年 8 月的监管法规，以及对行业影响较大的监管政策，在此基础上，分析
了现有监管政策存在的问题并提出了具体建议。尽管书中的观点不尽成熟，
但我们希望能为互联网金融的监管以及从业者的实践提供一些思考与借鉴，
为行业健康发展及践行普惠金融贡献一些力量。

第一章 互联网金融风险与监管概述

第一节 互联网金融风险分析

一、传统金融风险在互联网金融中的体现

（一）信用风险

信用风险又称违约风险，指交易参与方未能及时履行契约中的约定义务而造成经济损失的风险，即受信人未能履行还本付息的责任而使授信人的实际收益与预期收益发生偏离的可能性。信用风险的产生取决于受信人的还款意愿以及还款能力。互联网金融的信用风险主要源于互联网金融模式中"无抵押、无担保"形式的借贷行为以及交易双方的信息不对称。

第一，与传统金融相比，互联网金融模式中更多的"无抵押、无担保"形式的借贷行为增加了违约的可能性。特别是，许多 P2P 网络借贷平台对借贷双方的资质审查并不严格，借款人更容易在这种"无抵押、无担保"的情况下获得借款。

第二，信息不对称也是导致信用风险的主要原因。互联网金融通过互

联网虚拟介质平台提供金融服务，参与者分布广泛而分散，交易双方不容易直接接触。加之我国征信体系尚不完善，使得交易双方缺乏足够了解，容易因信息不对称而引发道德风险和逆向选择问题，从而加大了借款人违约的可能性。虽然信息披露和信息共享有助于改善信息不对称现象，但两者目前对于解决信息不对称所发挥的作用仍然有限。

（二）流动性风险

互联网金融的流动性风险是指互联网金融机构虽然有清偿能力，但无法及时获得充足资金或无法以合理成本及时获得充足资金以应对资产增长或支付到期债务的风险。导致互联网金融机构产生流动性风险的主要原因在于资金期限错配和投资者不理性的投资行为。

第一，部分互联网金融平台利用借短贷长的期限转换功能，将客户投入短期借贷融资项目中的资金投入长期项目中，从而产生期限错配问题，一旦客户进行集中赎回或大量提款，流动性风险便会产生。

第二，由于互联网金融相关产品的投资门槛相对较低，对投资者的要求也相对偏低，许多互联网金融的投资者并不具备基础投资知识，对于线上的信息无法进行有效甄别和筛选，易产生盲目跟风、扎堆投资和"挤兑"现象，从而加剧了互联网金融的流动性风险。

（三）市场风险

市场风险是由于利率、汇率、股票和商品价格等市场因素的波动而导致金融参与者的资产价值变化的风险。互联网金融中的市场风险主要源于利率风险，并且也受金融市场利率影响。

（四）操作风险

操作风险是指由于人员、系统和内部程序的不完备或失效，或由于外部事件而造成损失的风险。互联网金融的操作风险主要是由误操作导致的风险。在金融行业，误操作事件不在少数，如 2013 年 8 月，光大证券的"乌龙指"事件就是由工作人员的误操作所致，使得光大证券遭受严重损失。"乌龙指"事件同样发生在互联网金融领域。由于互联网金融机构多处于发展初期，缺乏严格、系统的内部管理制度和员工培训机制，易出现因员工对业务不甚熟悉、不遵守操作规则而产生误操作行为。

此外，系统的设计缺陷和互联网的实时性也加剧了操作风险。部分互联网金融机构尚处于发展初期，很多设备和系统均处于研发和试用阶段，因此可能存在部分系统没有完全考虑操作者使用习惯，从而导致违背其真实意愿的行为发生。以往，人们需到线下银行方能办理转账、提款等金融业务，这给金融机构处置操作风险预留了一定时间。然而，互联网具有实时性的特点，能够让一项金融业务在短短几分钟甚至几秒钟内得以完成，这便使得互联网金融机构常常来不及应对误操作行为。

（五）法律合规风险

法律合规风险是互联网金融机构因违反法律法规，或无法满足法律法规的要求，而给企业自身、消费者乃至整个社会造成损失的风险。

2016 年 10 月颁布的《互联网金融风险专项整治工作实施方案》，规范了 P2P 网络借贷、股权众筹、互联网保险、第三方支付等重点领域，严禁违法违规活动。但由于互联网金融尚属新生事物，监管不可避免地会落后于发展，也难免存在法律空白和法律漏洞。一些互联网金融机构利用法律漏洞进行"非法集资"、"洗黑钱"等违法犯罪行为，给互联网金融的消费者、整个行业乃至社会造成极大影响。

2016 年，国家互联网应急中心建立互联网金融风险分析技术平台，对互联网金融进行全面的风险监测。据该技术平台监测的数据显示，截至 2017 年 6 月 1 日，已经收录互联网金融平台 18712 个，其中存在违规或异常的互联网金融平台高达 1960 个，进行虚假宣传的平台达 711 个，违规开展业务的平台达 181 个。

（六）声誉风险

声誉风险是指由互联网金融机构经营、管理及其他行为或外部事件导致利益相关方对互联网金融机构产生负面评价的风险。可见，声誉风险是一个较为综合性的风险，上述提及的风险都会在一定程度上引发声誉风险，使得互联网金融机构的股东、购买互联网金融产品的客户等对其产生负面评价，引发负面公众舆论，进而损坏互联网金融机构的形象。

一方面，许多互联网金融机构存在负面新闻，如信息泄露、资金被盗等问题，导致消费者对其安全性存疑；另一方面，部分互联网金融机构会进行虚假宣传以吸引消费者。如 2015 年平安信托发布了一份声明，标明柠檬财富、360 财富、金斧子等平台未经允许就假借平安信托的名义发布信托产品。这种声明不仅对信托机构自身产生严重的声誉风险，同时也严重影响互联网信托行业的声誉。

此外，当前社会是一个互联网技术发达且充斥着海量信息的社会，互联网特有的虚拟性、快速性，让消费者无法及时、准确地辨别信息真伪，还会产生偏听、误信行为，此时若互联网金融机构对舆情处理不当，就有可能使自身陷入声誉风险。

二、新技术给互联网金融带来的新风险

（一）"长尾"风险

互联网金融因为拓展了交易可能性边界，[①] 服务了大量不被传统金融覆盖的人群（"长尾"特征），具有不同于传统金融的风险特征。第一，互联网金融服务人群的金融知识、风险识别和承担能力相对欠缺，属于金融领域的弱势群体，容易遭受误导、欺诈等不公正待遇。第二，他们的投资小额而分散，作为个体投入精力监督互联网金融机构的成本远高于收益，所以"搭便车"问题更突出，从而针对互联网金融的市场纪律更容易失效。第三，个体非理性和集体非理性更容易出现。第四，一旦互联网金融出现风险，从涉及人数上衡量（涉及金额可能不大），对社会的负外部性很大。

---

① 谢平，邹传伟. 互联网金融模式研究［J］. 金融研究，2012（12）：11 – 22.

（二）产品设计层面的风险

1. 技术漏洞。互联网金融发展时间不长，许多信息技术并不成熟，存在技术漏洞，可能引发诸多信息技术风险，主要包括数据安全风险、网络安全风险和业务连续性风险。

（1）数据安全风险。数据安全风险是指电子数据存在被窃取、泄露、篡改、灭失等威胁导致的风险。常见的数据安全威胁包括：信息泄露、破坏信息的完整性、拒绝服务、非法使用、窃听、假冒、旁路控制、授权侵犯、特洛伊木马、后门、抵赖、重放、计算机病毒、人员不慎、物理侵入、窃取、业务欺骗等。在实务中，互联网金融机构的数据都是由结构化和非结构化的数据组成，存储在生产系统和备份中心中，用户通过用户名、口令和手机短信验证码等传统的验证方式访问网站，进行数据传输。数据主要包括用户的用户名、登录密码、银行账户、身份证号等重要个人信息。目前已出现不少客户信息数据丢失的例子。部分互联网金融机构没有在传输、存储、使用和销毁等过程中建立个人隐私保护的长效完整机制，这在很大程度上加大了信息泄露的风险。数据安全风险主要来源于以下两个方面：

第一，外部黑客的恶意攻击造成数据的篡改和丢失。技术漏洞吸引了大量黑客盯着互联网金融机构进行研究分析，黑客实行高效的信息分享和协同作战，整体攻击能力日渐提升，攻击手段层出不穷。

第二，内部人员误操作、恶意破坏行为和系统设备故障都会导致数据损坏。因此，人员管理、设备和技术、规章制度等方面急需完善，以保证互联网金融机构的数据安全。

（2）网络安全风险。网络安全风险是指在互联网环境中，互联网金融机构遭到网络攻击、渗透、窃听、计算机病毒等危险导致的风险。网络安全风险主要有以下三类：

第一，网络通信安全风险。在互联网环境下，用户登录、查询、交易都是通过网络进行操作的，部分互联网金融机构并没有建立保护敏感信息的安全机制，如保护用户身份信息、交易信息等在网络传输过程中的保密机制，或只是采用较弱的密码算法，很容易被破解。一旦客户的资金、账号和密码等敏感信息在网络传输过程中遭到泄露或篡改，将给互联网金融客户的财产安全带来严重威胁。

第二，网站安全风险。网上交易平台为用户提供网上支付、网上投资、网上借贷等服务，因此网站的可靠与否将直接影响到用户的资金安全。近年来，随着互联网技术的发展和互联网金融产品的开发，互联网金融机构面临的 Web 应用安全问题越来越复杂，安全威胁正在飞速增长，如黑客攻击、蠕虫病毒、DDoS 攻击①、SQL 注入②、XSS 攻击③等，极大地困扰着用户，给企业的信息网络和核心业务造成严重破坏。据互联网金融风险分析技术平台监测数据显示，截至 2017 年 6 月 1 日，共发现互联网金融网站漏洞 1067 个，其中高危漏洞占比达 67.3%；发现互联网金融 APP 漏洞 1350

---

　　①　DDoS 攻击（全称分布式拒绝服务攻击），指借助于客户/服务器技术，将多个计算机联合起来作为攻击平台，对一个或多个目标发动 DDoS 攻击，从而成倍地提高拒绝服务攻击的威力。

　　②　SQL 注入，指通过把 SQL 命令插入到 Web 表单提交或输入域名或页面请求的查询字符串，最终达到欺骗服务器执行恶意的 SQL 命令。

　　③　XSS 攻击（全称跨站脚本攻击），是在 Web 应用中的计算机安全漏洞，它允许恶意 Web 用户将代码植入到提供给其他用户使用的页面中。

个，其中高危漏洞占比 23.3%；互联网金融网站共受到攻击 120.3 万次。网站信息系统在给互联网金融业务带来高效性和便利性的同时，同样给外部和内部人员利用信息系统进行犯罪带来了便利性和隐蔽性。

第三，客户端安全风险。许多金融安全事件源于客户端安全隐患。由于终端操作系统的脆弱性和用户安全意识的缺乏，互联网金融客户端极易受到恶意代码、网络钓鱼等黑客技术的侵害。大多数客户端程序都基于通用浏览器开发，存在利用通用浏览器漏洞获取客户信息的风险。即使有的客户端采用了安全控件，但由于防控强度较弱等问题，仍有可能无法抵御一些常见攻击。中国信息通信研究院发布的《移动互联网金融 APP 信息安全现状白皮书》中显示，大部分互联网金融 APP 均存在加密算法误用、加密协议实现不正确和不完整等问题，并且在使用不可信的公共 WiFi 网络环境时，有可能存在恶意黑客进行网络窃听和操控等行为。据互联网金融风险分析技术平台监测数据显示，截至 2017 年 6 月 1 日，共发现互联网金融仿冒网页 4.5 万个，受害用户达 8.48 万人次；互联网金融仿冒 APP 1300个，仿冒 APP 下载量达 3000 万次。

（3）业务连续性风险。业务连续性风险是指由于互联网金融机构信息系统运行发生意外中断，导致服务水平严重降低而产生的风险。业务连续性风险将引发投资人恐慌、机构声誉受损甚至破产等严重后果。以 2016 年7 月支付宝宕机事件为例，由于支付宝华南地区机房出现故障，且灾备系统不够完备，导致用户在支付宝上无法进行支付和转账业务，产生业务连续性风险。业务连续性风险的产生不仅会对互联网金融机构的声誉造成损害，也会使得一些违法犯罪分子利用这些系统故障来欺诈客户，给客户的资金安全和信息安全均造成影响。

2. 适用性问题。许多互联网金融机构都在研发自己的应用设备，但是却没有一个统一的标准，极易引发兼容性问题。互联网金融处在发展初期，互联网金融机构并没有对兼容性问题进行全面试验，比如某金融软件只能在某一系统中运行，兼容性差会导致闪退、卡顿、设置完全无法使用等。兼容性问题会给互联网金融消费者带来诸多不便，甚至带来损失，影响互联网金融的长远发展。不仅各软件、硬件之间需要无缝衔接，科技也需与金融完好融合，否则会产生较大矛盾。

（三）机构运行层面的风险

1. 市场营销风险。互联网技术的发展对互联网金融机构具有双重影响。一方面，科技给人们带来诸多便利，扩大了企业对客户的吸引力并增加了客户的可得性，如大数据提高了营销的精准性，提升了产品营销的效率。但另一方面，消费者接受新科技需要一定时间，不成熟的技术将提高营销难度。互联网金融虽然降低了金融投资者的资金门槛，但却提高了金融的技术门槛，部分消费者会由于新产品较为复杂而放弃投资。菲利普·科特勒教授在 *Marketing Management* 中提到，包括金融产品创新在内的服务业新产品开发的失败率有18%。互联网金融产品由于设计问题导致的用户体验差，也会引发客户流失。

此外，许多互联网金融机构存在负面新闻，如信息泄露、资金被盗等问题，导致消费者对其安全性存疑，因此依然会有很多消费者选择传统金融产品，而不轻易尝试新产品。

2. 内部管理风险。互联网金融机构的内部管理风险主要体现在产品设计不合理、员工培训不充分和内部控制不健全等方面。第一，互联网金融机构中的误操作问题值得深思。由于互联网金融起步较晚，没有足够的试错时间，部分产品的设计难免存在不合理之处，设计缺陷增加了误操作的可能性。第二，互联网金融虽然发展迅速，但相关从业人员的培训却没有跟上，很多互联网金融的从业人员对互联网金融产品并不了解，与顾客沟通存在问题，误导消费者的现象屡见不鲜。

3. 资金和专业人才匮乏。技术的研发和应用需要投入大量资金和人才，许多中小企业无法负担如此巨额的成本支出，大型企业则在该方面占据一定优势。此外，资金和人才分布不均也会对互联网金融机构的运营产生影响。互联网金融领域的人才不仅需要拥有金融知识，还需要丰富的技术经验作为支撑，然而这样的复合型人才并不多，且集中分布在北上广深及沿海发达地区。同样，资金也有这种分布不均衡现象。因此发达地区将有更大的发展机遇，相较而言，欠发达地区的中小型互联网金融机构则面临更大压力。

（四）宏观层面的风险

1. 人才重新配置。互联网金融的迅速发展可能会带来人才市场需求的结构性变化，在短时间内造成结构性失业。互联网技术提高了自动化水平，许多金融的流程不再需要人工完成。实际上，技术替代人工的例子比比皆是，如 ATM、网上银行、手机银行正在替代银行柜员的工作，智能投顾正在替代理财顾问的角色……虽然这些技术的利用在很大程度上节省了金融机构的成本，提高了劳动生产率，但也因此减少了社会对劳动力的需求，特别是那些技术含量不高的金融服务岗位将减少，许多人将因此面临重新规划职业生涯的压力。

2. 系统性金融风险。互联网技术如果没有被合理地应用于金融领域，可能引发系统性金融风险。以智能投顾为例，如果通过智能投顾得到的理财建议是不合宜的，便会引发大规模的非理性投资行为，众多投资者可能将资金投入一个盈利能力较差的项目，而真正优质的项目却得不到资金投入。不仅如此，智能投顾通过程序化的计算公式得到的投资建议往往趋同，且智能投顾的影响范围较大，这便会造成大量一致性的投资行为，同一时间同向的资金流动会给金融机构带来巨大的资金压力，引发流动性风险。这种一致性的投资行为也会放大资产价格顺周期性，在上升周期放大资产泡沫，在下降周期加速资产价格的下跌。因此不够成熟的互联网金融产品可能不仅不能给人们创造财富，反而会给投资者造成巨大损失，增加风险的传染性，影响整个经济的正常运行，扰乱社会秩序。

第二节　互联网金融监管的必要性和原则

在 2008 年国际金融危机后，金融界和学术界的普遍认识是，自由放任（Laissez – faire）的监管理念只适用于金融市场有效的理想情景。我们以这一理想情景为参照点，论证互联网金融监管的必要性。

在市场有效的理想情景下，市场参与者理性，个体自利行为使得"看不见的手"自动实现市场均衡，均衡的市场价格完全和正确地反映了所有信息。此时，金融监管应采取自由放任理念，关键目标是排除造成市场非有效的因素，让市场机制发挥作用，少监管或不监管，具体有以下三点：1. 因为市场价格信号正确，可以依靠市场纪律来有效控制有害的风险承担行为。2. 要让问题金融机构破产清算，以实现市场竞争的优胜劣汰。3. 对金融创新的监管没有必要，市场竞争和市场纪律会淘汰没有必要或不创造价值的金融创新，管理良好的金融机构不会开发风险过高的产品，信息充分的消费者只会选择满足自己需求的产品。而且就判断金融创新是否创造价值而言，监管当局相对市场不具有优势，监管反而可能抑制有益的金融创新。

但互联网金融在达到这个理想情景之前，仍会存在信息不对称和交易成本等大量非有效因素，使得自由放任监管理念不适用。

第一，互联网金融中，个体行为可能非理性。比如，在 P2P 网络贷款中，投资者购买的实际是针对借款者个人的信用贷款。即使 P2P 平台能准确揭示借款者信用风险，并且投资足够分散，个人信用贷款仍属于高风险投资，投资者不一定能充分认识到投资失败对个人的影响。所以，对 P2P 网络贷款，一般需要引入投资者适当性监管，英国还要求投资者不能仓促决策，要三思而后行。

第二，个体理性，不意味着集体理性。[①] 比如，在以余额宝为代表的"第三方支付＋货币市场基金"合作产品中，投资者购买的是货币市场基金份额。投资者可以随时赎回自己的资金，但货币市场基金的头寸一般有较长期限，或者需要付出一定折扣才能在二级市场上卖掉。这里面就存在期限错配和流动性转换问题。如果货币市场出现大幅波动，投资者为控制风险而赎回资金，从个体行为上看，是完全理性的；但如果是大规模赎回，货币市场基金就会遭遇挤兑，从集体行为上看，则是非理性的。2008 年 9 月，雷曼兄弟破产后，美国历史最悠久的货币市场基金 The Reserve Primary 就遭遇了这种情况。The Reserve Primary 因为对雷曼兄弟的敞口而跌破面值，尽管净值损失不超过 5%，但机构投资者仍争先恐后赎回，该基金不得不走向破产清算。受此事影响，整个货币市场基金行业遭遇赎回潮，一夜之间遭到重创。流动性紧缩的局面还蔓延到整个金融系统，主要国家的央行不得不联手推出大规模的流动性支持措施。[②] 机构投资者表现出的这种集体非理性行为，完全有可能在个人投资者身上出现。

第三，市场纪律不一定能控制有害的风险承担行为。在我国，针对投

---

① 禹钟华，祁洞之. 对全球金融监管的逻辑分析与历史分析［J］. 国际金融研究，2013（3）：41－47.

② 谢平，邹传伟. 银行宏观审慎监管的基础理论研究［M］. 北京：中国金融出版社，2013：43－68、170－173.

资风险的各种隐性或显性担保大量存在（比如，隐性的存款保险，银行对柜台销售的理财产品的隐性承诺），老百姓也习惯了刚性兑付，风险定价机制在一定程度上是失效的。在这种环境下，部分互联网金融机构推出高风险、高收益产品，用预期的高收益来吸引眼球、做大规模，但不一定如实揭示风险。这里面隐藏着巨大的道德风险。

第四，互联网金融机构如果涉及大量用户，或者达到一定资金规模，出问题时很难通过市场出清方式解决。如果该机构还涉及支付清算等基础业务，破产还可能损害金融系统的基础设施，构成系统性风险。比如，支付宝和余额宝的涉及人数和业务规模如此之大，已经具有一定的系统重要性。余额宝尤其需要注意。根据 2017 年二季报，截至第二季度末，余额宝规模达 1.43 万亿元。余额宝能达到这么大规模，是多方面原因造成的：1. 余额宝的资金主要投向银行协议存款，而在利率市场化背景下，协议存款利率（已市场化）高于活期存款（未市场化）；2. 协议存款不用交准备金，银行能给出高利率；3. 余额宝在 2013 年年中推出适逢"钱荒"，银行间市场利率高企，所以余额宝的投资收益比较高，但 2014 年以来已逐渐下降；4. 协议存款"提前支取不罚息"，是余额宝流动性的关键保障，但这对银行不利（人民银行 2014 年 3 月已表示这一点不会持续）。此外，余额宝还涉足广义货币创造（美国的 M2 统计中就包括能签发支票的货币市场存款账户和货币市场基金份额）。2017 年 9 月 1 日，证监会正式发布《公开募集开放式证券投资基金流动性风险管理规定》，规定对于被认定为具有系统重要性的货币市场基金，由中国证监会会同中国人民银行另行制定专门的监管规则，被市场认为是针对具有超大规模的余额宝。

第五，互联网金融创新可能存在重大缺陷。比如，我国 P2P 网络贷款发展初期，在 2016 年强监管施行之前，部分 P2P 平台中客户资金与平台资金没有有效隔离，出现了若干平台负责人卷款"跑路"事件；部分 P2P 平台营销激进，将高风险产品销售给不具备风险识别和承担能力的人群（比如退休老人）。再比如，比特币因为有很好的匿名性，被用在洗钱、贩毒等非法活动中。另外，据国家互联网金融安全技术专家委员会公布的数据，2017 年上半年国内已完成的 ICO 项目共计 65 个，累计融资规模 26.16 亿元，而据财新网报道，中国人民银行相关人士研究大量 ICO 白皮书发现，90% 的 ICO 项目涉嫌非法集资和主观故意诈骗，真正募集资金用作项目投资的 ICO 不及 1%。

第六，互联网金融消费中可能存在欺诈和非理性行为，金融机构可能开发和推销风险过高的产品，消费者可能购买自己根本不理解的产品。比如，在金融产品的网络销售中，部分产品除了笼统披露预期收益率外，很少向投资者说明该收益率通过何种策略取得、有什么风险等。部分产品为做大规模，采取补贴、担保等方式来放大收益，"赔本赚吆喝"偏离了纯粹的市场竞争行为。而部分消费者因为金融知识有限和习惯了刚性兑付，不一定清楚 P2P 网络贷款与存款、银行理财产品有什么差异。

因此，对互联网金融，不能因为发展不成熟就采取自由放任的监管理念，应该以监管促发展，在一定负面清单、底线思维和监管红线下，鼓励互联网金融创新。互联网金融监管有以下三个原则问题。

第一，行为监管和审慎监管。自 2008 年国际金融危机之后，政府对金融监管的反思，促使行为监管地位逐渐上升，成为与审慎监管并列的两大监管支柱。英国经济学家迈克尔·泰勒（Michael Taylor）在 1995 年提出的"双峰"（Twin Peaks）理论，认为金融监管的目标应当是"双峰"的：一是实施审慎监管，旨在维护金融机构的稳健经营（微观审慎）和金融体系的稳定、防范系统性风险（宏观审慎）；二是实施行为监管，旨在纠正金融机构的机会主义行为、防止欺诈和不公正交易、保护消费者和投资者利益。基于对"双峰"监管理论的认可，许多国家改革金融管理体系，加强了行为监管和对金融消费者的保护力度，以英国、美国为代表的发达国家，设立了负责行为监管的专职机构，实现了行为监管与审慎监管职能的相对分离。例如，英国的金融科技就由 FCA 进行专门监管。

行为监管，就互联网金融领域而言，主要指监管机构为了保护互联网金融消费者的知情权、选择权、公平交易权、索赔权等合法权益，对互联网金融机构的行为制定规定或指引，包括公平交易、反欺诈误导、个人信息保护、充分信息披露、消费争端解决、反不正当竞争、广告行为、合同规范、债务催收等，并要求和监督互联网金融机构遵守。具体表现在健全互联网金融机构的内控制度、规范互联网金融产品、打击互联网金融机构间的不正当竞争、加强消费者个人信息保护、做好消费者的投资教育等方面。

审慎监管，一般被认为包括微观审慎监管和宏观审慎监管。微观审慎监管主要注重系统性风险对各产业及各企业的影响。在互联网金融方面，它是对互联网金融系统内各经营个体进行监管，控制各项经营指标符合审慎性标准，降低个体发生风险的可能性，保障互联网金融机构安全稳健。

宏观审慎监管是监管部门合理运用审慎性工具防范系统性风险的发生，

其中系统性风险被认为有两个维度：时间维度上是金融风险的不断积累导致金融体系的脆弱性增加；结构性维度上是金融体系内金融机构和金融市场之间因互相关联产生的风险。① 宏观审慎监管的目标包括三个方面：一是建立并适时释放缓冲，增加金融体系应对冲击的能力；二是减缓资产价格和信贷间的顺周期性反馈，控制杠杆率、债务和不稳定融资的过度增长，防止系统性风险累积；三是降低金融体系内部关联性可能带来的结构脆弱性，防范关键市场中重要金融机构的"大而不能倒"风险。为满足央行审慎性监管的要求，互联网金融领域主要有三方面监管举措：一是识别、监测和计量互联网金融的系统性风险；二是通过对互联网金融开展针对性监管措施，降低系统性风险发生的概率；三是缓解和降低互联网金融风险引发的金融体系的负溢出效应，控制对互联网金融机构及互联网金融业态的关联影响。

第二，功能监管和机构监管。美国经济学家罗伯特·默顿（Robert C. Merton）于1993年在《功能视角下的金融体系运营与监管》一文中提出"功能监管"概念。他指出，功能监管是对支付、融资、资源配置、管理风险、价格发现、降低信息不对称的六大金融功能进行管理的监管模式。在互联网金融领域，由于互联网金融业务创新不断、互联网金融产品更新迭代频繁，使得交易形态等不断改变，监管部门依照互联网金融各业态的本质功能来进行监管职责的划分，更能保证互联网金融监管的全面性。美国便是采用功能监管的方式来对金融科技进行监管，即抓住金融科技的业

---

① 中国人民银行. 中国金融稳定报告2017［R］. 北京：中国金融出版社，2017：107.

务本质，把各类金融科技业务按照其功能纳入现有金融监管体系中。

需要说明的是，功能监管要体现一致性原则。互联网金融机构如果实现了类似于传统金融的功能，就应该接受与传统金融相同的监管；不同的互联网金融机构如果从事了相同的业务，产生了相同的风险，就应该受到相同的监管。否则，就容易造成监管套利，既不利于市场公平竞争，也会产生风险盲区。

与功能监管相对应的是机构监管，是指互联网金融监管部门对各个互联网金融机构进行独立监管，以审慎性原则管理每一家互联网金融机构"从生到死"的全过程，包括对互联网金融机构的设立进行资质审核和备案、对其业务经营进行管理和控制、对其产生的风险进行有效疏解和隔离、有效控制互联网金融机构破产所带来的社会影响等。在机构监管的框架下，监管部门需要根据市场情况分配监管资源，切实有效地保证每一家互联网金融机构合法合规运作，将管理落到实处。

功能监管和机构监管相当于横向监管和纵向监管。功能监管以"实质大于形式"的原则按照经营实质划分监管范围；而机构监管则是从微观着手，将单个互联网金融机构纳入监管范围内，通过保证微观个体的安全稳健来提升互联网金融系统整体的安全性。

第三，金融消费者保护。鉴于互联网金融的"长尾"风险，强制性的、以专业知识为基础的、时间持续的金融监管不可或缺，而金融消费者保护尤为重要。金融消费者保护，即保障金融消费者在互联网金融交易中的权益。金融消费者保护与行为监管有紧密联系，但两者又有明显区别。金融消费者保护主要针对互联网金融服务的"长尾"人群，而行为监管主要针对互联网金融机构。金融消费者保护的背景是消费者主权理论以及信息不对称下互联网金融机构对消费者权益的侵害。其必要性在于，互联网金融机构与金融消费者两方的利益不是完全一致，互联网金融机构健康发展（这主要是审慎监管和行为监管的目标）不足以完全保障金融消费者权益。

在现实中，由于专业知识限制，金融消费者对金融产品的成本、风险、收益的了解根本不能与互联网金融机构相提并论，处于知识劣势，也不可能支付这方面的学习成本。其后果是，互联网金融机构掌握金融产品内涵信息和定价的主导权，会有意识地利用金融消费者的信息劣势开展业务。此外，互联网金融机构对金融消费者有"锁定效应"，欺诈行为一般不能被市场竞争消除（金融消费者发现欺诈行为后，也不会另选机构）。

针对金融消费者保护，可以进行自律监管。但如果金融消费者没有很好的低成本维权渠道，或者互联网金融机构过于强势，而自律监管机构又缺乏有效措施，欺诈行为一般很难得到制止和处罚，甚至无法被披露出来。在这种情况下，自律监管面临失效，政府监管机构就作为金融消费者的代理人实施强制监管权力，主要措施有三类。第一，要求互联网金融机构加强信息披露，产品条款要简单明了、信息透明，使金融消费者明白其中风险和收益的关系。第二，要赋予金融消费者维权的渠道，包括赔偿机制和诉讼机制。第三，利用金融消费者的投诉及时发现监管漏洞。

第三节　主要发达国家的金融科技监管概述

金融科技①近年来已经逐渐成为社会热点，得到了各国政府、传统金融巨头和科技创新企业的重视。传统金融业发达的国家和以创新为主导的国家对金融科技的发展持续重视并通过政策进行引导和支持，希望在金融科技领域走在世界前列。

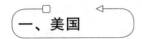

一、美国

美国对金融科技的监管和政策制定秉持支持创新但又避免过度创新的中庸原则，其对金融科技行业的政策特点可以概括为以下三点：一是不同部门共同合作；二是积极开展科技类试点；三是强调金融包容性。

（一）多方共同合作

从监管主体看，美国对金融科技的监管不仅仅集中在金融监管部门，而是由多个政府部门合作共同制定相关措施，其中货币监理署（Office of

---

① 在讨论国外的监管实践时，采用金融科技（Fintech）的概念，其与国内的"互联网金融"既有联系，又有区别。为了读者阅读的方便，对其作以下说明。金融科技与互联网金融是相互联系的。互联网金融被定义为传统金融机构与互联网企业利用互联网技术和信息通信技术实现资金融通、支付、投资和信息中介服务的新型金融业务模式。从业务来看，Fintech 与互联网金融在具体的业务领域相互渗透。从目标来看，无论是互联网金融还是 Fintech，其目的都是通过一定的方式让金融及其服务变得更加的高效与便捷。

Comptroller of Currency，OCC）是主要参与机构，其他参与部门包括商务部、小企业管理部、国务院、财政部、美国国际开发署等。这些金融监管机构对市场的发展和创新作出及时反应并主动引导，推崇"负责任创新"的概念，即在有效的风险管理与契合公司整体发展战略上的创新才为"负责任创新"，避免过度创新的出现。另外，OCC 还主动展开与多方的合作，其通过各类活动、信息请求、白皮书、技术援助与研究、非正式宣传与对话以及提出创造新的审查体系。OCC 会主动召开会议邀请金融创新方面的市场参与者和 OCC 机构人员进行沟通，并在官网上公布相关资料，结合此类活动、信息申请、白皮书、技术支持和研发以及非正式的接触和对话，监管部门与行业内从业者们建立起沟通交流的长效机制，以此增进对行业的了解，确定政府在金融科技发展中发挥导向性作用并达成政策目标。

（二）积极开展科技类试点

美国对金融行业内出现的新兴科技进行积极布局。美国国会建立了区块链核心会议制度。特拉华州宣布了两项区块链倡议，将州档案记录转移到开放的分布式账本之中，并要求注册企业在区块链上追踪股权和股东权益。对科技类的创新和试点还体现在美国对监管科技（RegTech）的认可和试用。监管科技中为监管部门重视的包括反洗钱（Anti – Money Laundering，AML）和了解你的客户（Know Your Customer，KYC），即为客户身份验证服务。

（三）强调金融包容性

金融包容性体现在法律法规的制定方面，这些法规包容性地确保创新金融在当地开展业务。典型的案例有支持股权众筹的 JOBS 法案，即工商初创企业推动法案。JOBS 法案旨在为股权众筹融资平台制定相应法律框架，以支持中小企业和初创企业的融资需求，拓宽它们的融资渠道，形成安全可持续资本渠道。JOBS 法案的亮点和包容性体现在对参与股权众筹的三方都进行适当监管和限制：规定项目发行人每年通过众筹融资平台募资的总额不超过 100 万美元；规定众筹融资平台必须在 SEC 登记为经纪商或"融资门户"；规定对投资人进行分类设置，如果个人投资者年收入或净资产少于 10 万美元，则投资限额为 2000 美元或者年收入或净资产 5% 中孰高者，如果个人投资者年收入或净资产中某项达到或超过 10 万美元，则投资限额为该年收入或净资产的 10%。

二、以色列

以色列当局以开放包容的态度对待科技暨金融科技方面的创新，在政策方面给予扶持。以色列政府及时修订和执行与金融创新企业融资相关的政策，促使创新创业企业留在国内。以色列强化创新创业并构建"测试基地"，鼓励金融机构开设创新部门和涉足金融企业加速器。以色列对金融科技行业的监管主要体现在：一是通过修订相关法律法规降低市场准入门槛；二是政府主动参与金融科技行业建设。

以色列在修改法律法规的具体措施上体现为 2016 年年初修改的《证券法》和《联合投资信托法》。《联合投资信托法》规定募集规模较小的投资者可以享受投资章程豁免权。《联合投资信托法》还规定每个投资人的投资额度上升至 1 万以色列新锡克尔（以色列货币，约合 2766 美元）以上，高科技基金（开放式基金）可以在特拉维夫证券交易所交易，增加市场流动性与活跃度，并降低部分项目的披露要求，适当放宽市场准入门槛。以色列政府还主动参与金融科技行业建设，鼓励国家主权投资公司入股投资金融科技初创企业，如以色列国民银行入股投资基金公司 Elevator。

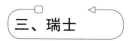

三、瑞士

瑞士 GDP 中 12% 的贡献来源于金融服务板块，金融科技作为金融的未来发展方向之一，成为瑞士政府重点扶持的对象，以保证瑞士在金融领域的核心竞争力。瑞士政府对金融科技的支持体现出以下特点。

（一）制定监管框架

瑞士联邦议会在 2016 年年初建立创新型金融科技提供商的监管框架。2016 年年底，瑞士联邦议会针对金融领域数字化的快速发展与不确定性，讨论放松监管框架，为金融科技企业减少市场准入障碍并在整体上增进该行业的法律确定性。

（二）给予政策支持

首先，瑞士加大创投市场和金融科技行业的税收优惠政策，与其他国家进行合作，吸引优秀国际金融科技公司驻扎瑞士。具体做法为中央政府权力下放，使得地方政府拥有更多的自主权，减少对金融机构的干预，并主动会谈世界各地优秀公司。其中瑞士的小州楚格为典型代表，瑞士在对金融的支持上一直以税收减免和完善的保密措施闻名世界，其较低的税率吸引了世界范围内的对冲基金和金融机构。在包容创新方面，瑞士政府的触及面广泛。比如，州政府对数字加密货币的支持试点范围扩大，允许当地居民运用数字加密货币支付政府服务。

最后，瑞士通过法规的修改降低市场准入门槛。根据瑞士原有银行法与银行条例的规定，创新项目只有在接收到100万瑞士法郎或超过100万瑞士法郎的存款后才能开展业务。2017年，瑞士当局修改相关法律，规定创新项目接收最高100万瑞士法郎的存款不应被列为商业行为。可见，取消创新项目融资不超过100万瑞士法郎额度的存款限制，在很大程度上降低了创新项目的投资准入门槛，有助于创新项目在获得高额投资之前便能开展商业活动。

2016年3月，瑞士金融市场监督管理局（Swiss Financial Markets Supervisory Authority，FINMA）宣布金融创新领域的创业公司即使没有牌照也可在允许的地区进行经营。瑞士联邦委员从2017年2月开始对金融科技领域的法律修正案进行磋商，其中包括增加支持金融科技发展的条例。比如，对于接收最高100万瑞士法郎存款但无借贷业务的金融科技公司，将简化和放宽其在会计、审计和储蓄保护方面的执照授权和运营要求。又如，银行条例将众筹项目中的资金结算周期延长，使得交易更容易安排，从而助力众筹平台业务的发展，平台上的初创企业更易获得众筹融资。

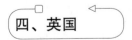

四、英国

2008年国际金融危机之后，英国的监管主体由金融服务监管局（Financial Service Authority，FSA）转为审慎监管局（The Prudential Regulation Authority，PRA）和金融行为监管局（Financial Conduct Authority，FCA），二者分别负责审慎监管和行为监管职能。2013 年 4 月，FCA 根据《2000 年金融服务与市场法案》，开始对金融科技创新进行监管，通过平衡创新与风险的关系达到适度监管的目的。由于监管当局对创新的支持，使得欧洲近半的金融科技企业诞生在英国，吸引许多金融科技人才汇集到英国伦敦，包括全球第一家 P2P 网络借贷公司 Zopa 和全球第一家众筹平台 Crowdcube，伦敦成为名副其实的金融科技中心。

英国金融科技监管具有如下三个特点：其一，英国的监管部门快速、有效地应对市场反应；其二，英国为符合条件的金融科技企业提供创新环境，推出"监管沙盒"（Regulatory Sandbox）；其三，英国鼓励金融机构利用创新科技手段降低监管成本，引入监管科技。

（一）深入市场，反应迅速

FCA 监管的重要特点就是对市场的反应速度快。在 P2P 网络借贷和众筹业务出现不久，就制定了通过互联网众筹及通过其他媒介发行不易变现证券的监管办法，将 P2P 和 P2C 网络借贷业务归为"借贷类众筹"，建立了最低审慎资本标准、客户资金保护规则、信息报告制度、合同解除权、平台倒闭后借贷管理安排与争端解决机制等七项基本监管规则；将股权众筹定义为投资型众筹，在投资者身份认证、投资额度限制、投资咨询业务等多方面提出了监管要求；对网络银行、第三方支付等业务，监管部门直接将其纳入 FSA 于 2009 年颁布的《银行、支付和电子货币制度》监管范围内，保证了所有经济行为的合法性。

（二）提供创新环境，推出"监管沙盒"

面对不断更新的金融科技市场，为提升对金融科技行业理解、有效执行监管政策并减少合规成本，FCA 推出"监管沙盒"制度。"监管沙盒"提供一个缩小版的真实市场和宽松版的监管环境，在保障消费者权益的前提下，允许金融科技初创企业对创新的产品、服务、商业模式和交付机制进行大胆操作，一般时间为 3~6 个月。进入"监管沙盒"的金融科技企业需要具备特定的条件：1. 具备创新的产品或服务，能够解决当前金融业的瓶颈或能够支持金融业务的发展；2. 产品或服务显著异于传统的金融业务；3. 能够为消费者和社会创造直接价值；4. 金融科技企业具备明确的发展目标和发展规划；5. 企业具备社会责任感，具有强烈的合规性和自律性。对于具备条件的金融科技企业，FCA 通过测试等流程决定是否接受其进入"监管沙盒"，具体流程如图 1-1 所示。

FCA 能够对处于"监管沙盒"内的企业提供多种帮助，包括对持牌金融机构的金融创新行为提供合规性评估，为企业提供合规性指导，在其权限范围内行使一定的法律豁免权；对非持牌机构提供"短暂授权"，允许在沙盒期间测试持牌机构业务，了解消费者对产品或服务的需求，为申请正式金融牌照做准备。但需要注意的是，沙盒内的企业如给消费者造成了损失，需要对消费者进行赔偿，并需要证明具备该赔偿能力。FCA 不采取执法行动也不免除企业对消费者的责任。

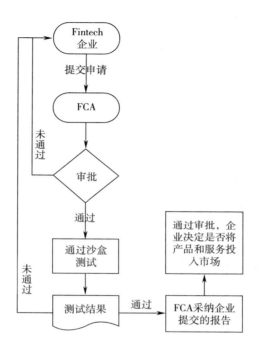

图 1-1　英国"监管沙盒"流程

（三）拓宽监管思路，引入监管科技

FCA 对金融科技监管的另一大创新在于其鼓励金融机构利用创新科技手段降低监管合规成本，产生了监管科技的概念。市场上大量的企业为了满足自身业务合规性、抢先制定行业监管标准等目的而积极参与监管科技的开发和应用。目前金融机构监管科技应用主要集中在以下领域：1. 鼓励、培育和资助金融科技企业利用新技术加速达到监管标准，降低合规难度；2. 采用实时、系统嵌入式的金融监管工具，增强了对市场的监测能力，提高金融服务企业的效率；3. 金融科技企业利用大数据技术、软件工

具等降低监管合规成本，节省传统会计、审计等费用；4. 加强了数据可视化程度，降低了监管难度，更有利于 FCA 为企业提供有效的合规指导。

五、新加坡

2015 年下半年开始，由于世界贸易水平的持续疲软，新加坡调整了战略发展方向，将建设"智慧国家"作为政府的重点发展任务，全面支持市场创新，为经济增长注入新的活力。在此背景下，新加坡结合自身的金融业基础，不遗余力地推动金融科技企业、行业和生态圈的发展，目标是成为世界智能科技大国和智能金融中心。

（一）总体监管框架

为推进金融科技发展，新加坡政府于 2015 年 8 月在新加坡金融管理局（Monetary Authority of Singapore，MAS）下设立金融科技创新团队（Fintech & Innovation Group，FTIG），并在 FTIG 内建立支付与技术方案、技术基础建设和技术创新实验室三个办公室。新加坡政府投入 2. 25 亿新元推动《金融领域科技和创新计划》（Financial Sector Technology & Innovation Scheme，FSTI），鼓励全球金融业在新加坡建立创新和研发中心，全面支持地区金融业发展。为进一步推动金融科技发展，在 2016 年 5 月由新加坡创新机构（SG – Innovate）和 MAS 联合设立金融科技署来管理金融科技业务并为创新企业提供一站式服务。其中 SG – Innovate 是新加坡国立研究基金会（National Research Foundation，NRF）下属公司，主要任务就是协助新创企业和科研机构将科研成果商品化，具体涵盖了智能能源、数据制造、金融科技、数据医药以及物联网等领域。新设立的金融科技署的主要工作包括帮助审查合格的 Fintech 企业申请津贴和研究经费，执行政府对金融科技的补助计划，对金融科技企业提供监管一站式审批援助；完善产业基础设施建设、解决人才培养和人力需求的矛盾，提升企业组织核心竞争力；管理新加坡金融科技品牌及推广战略，执行金融科技的推广活动，致力于打造全球金融科技中心。

（二）推出监管制度

　　为了引导和促进金融科技产业持续健康发展，MAS 在 2016 年 6 月提出了"监管沙盒"制度，为企业创新提供一个良好的制度环境。"监管沙盒"是一个"试验区"，它放松了对产品和服务的法律监管和约束，允许传统金融机构和初创企业在这个既定的"安全区域"内试验新产品、新服务、新模式等创新，甚至可以根据"试验结果"修改立法和提出新的法律制度。这种"监管沙盒"制度是非常值得肯定的金融监管政策，一方面，创新的实时性要求较高，而监管因为没有先例所以审批周期长，很容易错过科技创新的发展时机，"监管沙盒"有效地解决了这个矛盾，让创新在指定区域和范围内即时开展，提高了创新开发能力。另一方面，技术创新有很高的失败风险，可能影响创业者和消费者的利益，如果控制不好甚至会酿成系统性风险，"监管沙盒"能够将风险保持在可控范围内，降低了创新的风险。"监管沙盒"的主要内容包括以下几方面：

　　1. 沙盒申请流程。企业向 MAS 提交申请及技术说明等文件，经过审核后，MAS 将在 21 个工作日内给予回复。MAS 对适合的项目进行评估和测试，根据评估结果来决定是否进入"监管沙盒"。

2. 沙盒的评估标准。在"监管沙盒"中进行了登记注册的金融科技企业，在完成业务报备的情况下，允许开展与现行金融制度和法律法规有冲突的金融科技业务。企业需具备实施和推广金融科技解决方案的能力，具有切实的技术创新性且能够解决当前重大问题或为消费者和行业带来益处。同时，企业需实时向 MAS 汇报测试进程和测试结果，具有可接受的退出和过渡策略来终止创新业务。对于非真正的创新、会损害消费者利益、可另外试验而没必要进入"监管沙盒"、没有推广意图等项目，则无法进入"监管沙盒"中。

3. 沙盒的退出机制。进入"监管沙盒"是有时间限制的，一旦达到规定好的测试时间，MAS 所放宽的任何法律和监管规则将同步到期，企业将退出沙盒。如果企业因为特定原因需要延期的，可以在监管期结束前向 MAS 提出申请并说明理由。另外，如果企业在"监管沙盒"期间的测试结果非常令人满意，企业在退出沙盒后将继续享有更大范围内部署相关技术的解决方案的权利。

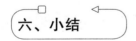

六、小结

以下通过分析上述五个国家在金融科技方面的监管框架和监管制度，并将五国在金融科技的监管主体、监管方式、监管力度等方面进行比较，希望为我国提供借鉴。

（一）监管主体

不同国家的监管主体呈现出不同的特征。具体表现在以下四个方面：

1. 多部门联合监管，最典型的是美国。区别于我国金融监管当局针对金融行业的分业监管，OCC 联合其他政府部门对金融科技行业实行共同监管和政策制定。

2. 中央政府放权于地方政府进行试点，代表为瑞士当局。瑞士针对金融科技公司的监管由 FINMA 负责，但在不同的地区，地方政府可以在法规下制定当地地方管理条例来吸引投资，这一点可借鉴至我国的互联网金融行业中。

3. 在原有监管体系下对金融科技进行监管，代表国家有英国和以色列。自 2013 年起，英国的 FSA 分为 FCA 和 PRA，将对金融科技的监管划入 FCA 的监管范畴；而以色列在原有监管体系下进行的单一监管，与其相对较小的国家地理面积和市场有密切关系。

4. 新建机构对金融科技进行集中监管，以新加坡为主要代表。新加坡于 2015 年 8 月在 MAS 下新设立金融科技创新团队 FTIG，同时为进一步支持金融科技创新，在 2016 年 5 月由 SG – Innovate 和 MAS 联合设立金融科技署来管理金融科技业务并为创新企业提供一站式服务。

（二）监管方式

从监管方式来看，美国、以色列和瑞典三国均采取功能监管的方式。功能监管是指按照经营业务的性质来划分监管对象的金融监管模式，抓住业务本质，划归监管部门。其中，美国对待金融科技的态度较为保守，监管较为严格，稳中求进；瑞士和以色列则更加主动地制定相应的监管政策，以大力支持金融科技发展。例如，瑞士较早设立金融科技监管框架，再根据市场实际情况的发展及时进行相应变更。

(三) 监管力度

就监管力度而言，美国在对待金融科技发展方面，吸取 2008 年国际金融危机的教训，采取相对平稳的原则，防止过度创新、冒进的情况出现。以色列在监管上未雨绸缪，反应快速，并适时降低市场准入门槛，监管力度较为宽松。瑞士为了能在潜在迭代行业占得先机，大力支持金融科技发展。而就均使用"监管沙盒"的英国和新加坡而言，新加坡较英国更为宽松和灵活。英国身为老牌金融中心，在制度设立方面更为稳健和严苛，如英国对于金融科技企业在"监管沙盒"中的时间有更明确要求，一般为 3～6 个月。虽然新加坡对于在"监管沙盒"中的金融科技企业也有时间要求，但却没有给出具体时长，时间更具弹性。

(四) 监管侧重点

在监管的侧重点方面，美国更倾向于引领金融科技的创新使其服务延伸至更多的群体以达到普惠包容的效果。瑞士和以色列则更看重金融科技在改变金融市场运行机制等方面的创新，更重视其对传统金融行业运行机制的革新作用。而对于均使用"监管沙盒"的英国和新加坡而言，虽然两国发布"监管沙盒"的目的均是为了支持金融创新，但新加坡发布的《金融科技监管沙盒指南》的征求意见稿中明确将范围局限于金融科技领域，英国颁布的"监管沙盒"的适用范围则更广，适用于"颠覆性创新"，而不仅局限于金融科技领域。所谓"颠覆性创新"，主要包括如下两点内容：一是能够颠覆现有流程或市场的创新；二是其核心标准的创新是否有益于消费者。

第四节　我国互联网金融监管概述

一、中央政府层面

2015 年 7 月 18 日，由人民银行等十部委联合印发的《关于促进互联网金融健康发展的指导意见》（以下简称《指导意见》）首次明确了"互联网金融"的概念，并从国家层面上肯定了互联网金融的积极意义，要求促进互联网金融健康发展。《指导意见》既提出了"鼓励创新、防范风险、趋利避害、健康发展"的总体要求，也明确了"依法监管、适度监管、分类监管、协调监管、创新监管"的监管原则。同时，《指导意见》界定了七大业态（互联网支付、网络借贷、股权众筹融资、互联网基金销售、互联网保险、互联网信托和互联网消费金融）以及相应的监管责任。此外，《指导意见》还明确了 P2P 网络借贷平台信息中介的本质，肯定了行业自律的作用以及对客户资金第三方存管制度进行规范等。互联网金融业务及监管分工详见表 1－1。

表 1－1　　　　　　　　　对互联网金融业务的监管分工

互联网金融业务	监管部门
互联网支付业务	中国人民银行
网络借贷业务	中国银监会
互联网信托业务	中国银监会
互联网消费金融业务	中国银监会

续表

互联网金融业务	监管部门
股权众筹融资业务	中国证监会
互联网基金销售业务	中国证监会
互联网保险业务	中国保监会
互联网金融业务涉及的电信业务	工业和信息化部
金融信息服务、互联网信息内容等业务	国家互联网信息办公室

2016 年 3 月 25 日，按照《关于促进互联网金融健康发展的指导意见》的要求，由中国人民银行会同银监会、证监会、保监会等国家有关部委组织起来的国家级互联网金融行业自律组织——中国互联网金融协会于上海正式成立。中国互联网金融协会是中国行业协会脱钩改革后第一个承担特殊职能的全国性行业协会，通过自律管理和会员服务，规范互联网金融机构市场行为，保护互联网金融消费者合法权益，推动互联网金融机构更好地服务社会经济发展，引导互联网金融行业规范健康运行。

首先，中国互联网金融协会将进一步承担起研究互联网金融机构信息披露制度的工作，鼓励互联网金融机构进行信息披露。行业信息不透明会引发多种风险。一方面，信息披露制度的不完善会降低行业透明度，互联网金融机构会因此无法识别消费者是否信誉良好；另一方面，消费者也无法判断互联网金融机构是否合规。行业信息不透明增加了交易参与方之间互相判断的时间和成本，提高逆向选择的可能性，极大地增加了行业风险，而信息披露制度对解决这些问题至关重要。中国互联网金融协会作为互联网金融领域的全国性自律组织，在该领域的信息披露工作上已做了诸多工作。

其次，相对于监管部门而言，中国互联网金融协会与互联网金融机构有更多的沟通与交流，因此中国互联网金融协会能提出有针对性的行业规范，担负起制定行业标准的重任。这些规范、标准往往具有较大灵活性，在规范互联网金融的同时又不会打击其创新积极性。比如《互联网金融信息披露个体网络借贷》标准（T/NIFA 1—2016）规范的 96 项披露指标中，包含强制性披露指标和鼓励性披露指标，其中鼓励性披露指标可根据互联网金融机构的实际情况进行披露，并不硬性规定。

最后，中国互联网金融协会还可以维护互联网金融行业的共同利益，成为各互联网金融机构之间、互联网金融机构与政府之间的沟通桥梁，推进各方业务交流和信息共享。此外，在互联网金融发展较为密集的地区，可由政府指导建立行业自律协会，配合地方监管部门的工作，为监管部门提供监管建议，对互联网金融机构进行自律约束，为当地的互联网金融消费者提供相关教育培训，为本地区的互联网金融健康发展添砖加瓦。

2016 年 4 月 14 日，国务院组织 14 个部委召开电视会议，在全国范围内启动为期一年的互联网金融专项整治工作，拉开了新一轮互联网金融风险整治活动的大幕。2016 年 10 月 13 日，国务院办公厅发布《互联网金融风险专项整治工作实施方案》（以下简称《实施方案》），由中国人民银行等 17 个部门联合开展互联网金融风险专项整治工作。《实施方案》重点对本次专项整治活动的负责部门、开展方式、整治内容进行规定。在职责分工上，持牌机构由发牌机构进行整治；不持牌但明显具备 P2P 网络借贷、股权众筹融资、互联网保险、第三方支付等业务特征的，按照相关领域的专项整治子方案进行整治；不持牌也不明确具备互联网金融业务特征的机构，由各省政府统一组织采取穿透式监管方法，对业务性质进行界定，以落实整治责任。穿透式监管要求按照"实质重于形式"的原则来甄别金融业务和行为的性质，根据金融产品的功能、业务性质和法律属性等特点采用适用规则，对互联网金融机构业务和行为进行全流程监管。其本质在于在当前的监管政策下，借助穿透式监管手段来透视业务，厘清业务细节并合理划归各监管部门，以达到提升监管能力的目的。而这有助于监管互联网金融中跨行业、跨市场的金融行为，特别是对经过多通道或多次嵌套的金融产品的监管有突出效果。

按照《实施方案》的部署，此次专项整治工作共分为摸底排查、清理整顿、督查和评估、验收和总结四个阶段。同时，《实施方案》还细化了P2P网络借贷、股权众筹融资、第三方支付等重点领域的相关规定，严禁虚假广告等误导性宣传行为从而确保行业内信息的真实性，对互联网金融机构的工商注册进行了严格要求，强调了技术、行业自律等在规范互联网金融方面的突出作用。互联网金融风险专项整治内容及分工详见表1-2。

表1-2　　　　　　　对互联网金融风险专项整治的监管分工

互联网金融专项整治内容	负责部门
互联网金融广告	工商总局、金融管理部门
以投资理财名义从事的互联网金融活动	金融管理部门、工商总局
对互联网金融从业机构网络安全防护、用户信息和数据保护的监管	工业和信息化部
对房地产开发企业和房地产中介机构利用互联网从事金融业务或与互联网平台合作开展金融业务进行清理整顿	住房和城乡建设部、金融管理部门
互联网金融新闻宣传和舆论引导	中央宣传部、国家互联网信息办公室
指导地方公安机关对专项整治工作中发现的涉嫌非法集资、非法证券期货活动等犯罪问题依法查处	公安部
信访人相关信访诉求事项的接待受理	国家信访局

2017 年 6 月，中国人民银行等 17 个部门联合发布《关于进一步做好互联网金融风险专项整治清理整顿工作的通知》，将整改期限延长至 2018 年 6 月。新的整治工作规划是，在速度服从质量的前提下，各地金融办在 2017 年上半年完成对各家互联网金融平台的分类，分为合规、整改以及取缔三类，预计 6 月底出结果。在 2017 年 6 月底各地金融局或金融办完成分类处置后，还将留有 12 个月的时间供整改类的互联网金融平台继续向合规转型。2018 年 6 月作为互联网金融整治的最后期限，接受监管验收。

《关于促进互联网金融健康发展的指导意见》和《互联网金融风险专项整治工作实施方案》已对互联网金融中各领域的监管工作进行合理分工并提出明确要求，相关负责部门应严格按照规定对其进行整治和监管。各部门之间应进行协调监管，在互联网金融的各监管部门之间、中央与地方之间、地方与地方之间均做到统筹协调、合理分工、密切合作以及信息共享，对边界不清问题、新暴露问题等共同研究探讨，对预警信息进行传递、核查及处置，避免在监管实施过程中出现监管真空或监管过度、监管制度与监管政策相矛盾等现象。在信息共享方面，相关部门之间应充分利用全国信用信息共享平台。该平台依托国家电子政务外网建设，已于 2015 年年底初步建成并上线运行。平台设立的目的在于实现各部门和地方信用信息归集、共享、应用，为联合惩戒、联合激励提供有效支撑，提升跨部门、跨地区信用协同监管与服务水平。除了各监管部门之间需要建立有效的沟通协调机制外，在监管部门与被监管机构之间也应建立良好的沟通和协作机制，建立双方的互信关系，减少双方的沟通成本和信息不对称现象。

二、地方政府层面

北京市是互联网金融机构的主要聚集地之一，其互联网金融较为活跃，体量较大。部分互联网金融机构利用法律漏洞进行非法集资，北京市政府对此高度重视。2016 年 1 月，北京市政府出台了《北京市进一步做好防范和处置非法集资工作的管理办法》；同年 3 月，北京市出台了群众举报涉嫌非法集资线索最高可获 10 万元奖励的政策。同时，北京市金融局也在探索北京市 P2P 网络借贷领域的监管模式，推出了"1 + 3 + N"模式。"1"即成立北京市网贷行业协会，充分发挥其行业自律管理职能，并在此基础上进一步形成行业自律管理体系；"3"即采取产品登记、信息披露和资金托管三大管理措施；"N"即北京市的各家 P2P 网络借贷机构。2017 年年初，北京市金融局向多家 P2P 网络借贷机构下发整改意见通知书，即《北京市网络借贷信息中介机构事实认定整改通知书》（以下简称《整改通知书》）。整改意见多达 100 余项，几乎涵盖了所有合规性细则，包含资金端、资产端、信息披露、风险提示、银行存管、上报机制等，并且每家机构需要整改的问题各有不同。截至 2017 年 4 月 5 日，已有 153 家 P2P 网络借贷机构收到《整改通知书》。[①] 对于未收到《整改通知书》的在京注册 P2P 网络借贷机构，应于 4 月底前向注册地所在区金融办联系申报，对于逾期未申报的机构，北京市金融局将按照相关规定对其进行办理。2017 年 7 月，结合本市实际，北京市金融局研究起草并发布了关于《北京市网络借贷信息中

---

① 资料来源于网贷之家。

介机构备案登记管理办法（试行）（征求意见稿）》的通知。总体而言，北京市对互联网金融的整治方案已初步成型，并取得一定成效，之后或将制定北京地区的互联网金融监管细则。

上海市的互联网金融的发展水平总体较高，但非法集资、恶意骗款、集中违约和客户信息被盗等事件也时有发生，上海市政府对此高度重视，在贯彻中央对互联网金融整治的大框架下，也制定了相关监督管理办法。在公司注册方面，2016 年 4 月，上海市发布的《非法集资工作的实施意见》将暂停注册的公司范围从"互联网金融"扩展到"投资类"公司。在非法集资方面，2016 年 4 月，上海市政府发布《上海市进一步做好防范和处置非法集资工作的实施意见》，表示将充分运用互联网等技术手段，加强对非法集资的监测和预警。2016 年 6 月，上海证监局发布了《关于做好互联网金融风险专项整治工作的通知》，要求辖内证券期货经营机构就五大重点整治内容展开自查，包括利用互联网开展非法活动、利用互联网开展业务不规范、与未经取得相应资质的互联网企业合作、与互联网企业合作开展业务不规范的以及通过互联网企业开展资管业务不规范或跨界从事金融业务。2017 年 4 月 28 日，上海市互联网金融行业协会发布《互联网金融从业机构区块链技术应用自律规则》，旨在引导、规范和促进互联网金融行业应用区块链技术更好服务实体经济，切实保护社会公众权益。2017 年 6 月 1 日，上海市金融办在广泛征求各方意见的基础上，研究起草并发布了《上海市网络借贷信息中介机构业务管理实施办法（征求意见稿）》。2017 年 6 月 10 日，上海市互联网金融行业协会发布了《上海市网络借贷电子合同存证业务指引》（以下简称《业务指引》），全国首个针对网络借贷电子合同存证业务的指引性文件正式落地。《业务指引》对与网络借贷电子合同存证相关的具体业务做出了详细指引。比如，为保障存证人①的独立性，《业务指引》规定存证人不得为 P2P 网络借贷平台担保、背书，不承担借贷违约责任；双方合作必须权责分明，P2P 网络借贷平台为数据真实性负责，存证人不承担审核责任，在合作过程中，双方应共同制定接口规范，平等协商费用。此外，区别于《网络借贷信息中介机构业务活动管理暂行办法》，《业务指引》还做出了"平台只能指定唯一一家存证人合作"的严格规定。相对其他地区对互联网金融的监管而言，上海市的监管显得更为全面、系统。

作为 P2P 网络借贷"重镇"，深圳市的 P2P 网络借贷平台风险问题尤为突出。为更好地防范互联网金融风险，深圳市金融办表示要严格控制互联网金融平台数量，自 2016 年 1 月 1 日起，深圳市不再新增 P2P 网络借贷平台数量，待现有平台按照银监会监管要求全部整改规范完毕后，视情况再作调整。为防止 P2P 网络借贷的风险进一步蔓延，深圳市探索创建了"社会监督员"制度以及 P2P 网络借贷平台分级分类管理和黑名单制度。深圳市金融办表示，将组织对 P2P 网络借贷平台进行分类评级，设置 A（优良）、B（良好）、C（关注）、D（不良）四档，评级结果作为衡量 P2P 网络借贷平台的风险程度、实施日常监管的重要依据。进入黑名单的平台、法人代表及主要股东终身不得进入金融以及互联网金融行业。与此同时，深圳市也正在探索创建深圳市地方金融风险预警和监管平台，实现信息化

---

① 存证人指第三方电子合同服务企业。

电子监管手段，逐步建立健全本市的互联网金融监管机制。2016 年 8 月 30 日，深圳市互联网金融协会发布《关于规范深圳市校园网络借贷业务的通知》（以下简称《通知》）。这是继教育部办公厅、中国银监会办公厅发布《关于加强校园不良网络借贷风险防范和教育引导工作的通知》和《网络借贷信息中介机构业务活动管理暂行办法》之后，首个地方性"校园网贷"规范。《通知》强调，所有企业在深圳开展的校园网贷业务，以及深圳法人机构在外地开展的校园网贷业务，必须遵循审慎原则。在发放校园贷款的条件限制方面，《通知》指出，"各企业向未成年人或限制民事行为能力的学生发放任何贷款，必须取得监护人的书面同意并面签。向具备完全民事行为能力的学生发放任何贷款，必须获得第二还款来源方的书面同意，并对其真实性负责"。在校园贷的宣传、推销方面，《通知》指出，"严禁委托学生、校园工作人员或校园商务等在学校内展开任何形式的线上线下宣传、推销或代理活动"。可见，深圳市着重从源头上监管和把控当地互联网金融的风险。

第二章 互联网支付

第一节 概　　述

互联网支付是指通过计算机、手机等设备，依托互联网发起支付指令并转移货币资金的服务。互联网支付在互联网金融领域有着基础性的地位，是互联网金融的"基础设施"。

互联网支付服务商可以分为银行业金融机构和非银行支付机构（第三方支付机构[①]），中国人民银行发布的 2016 年支付体系运行总体情况显示，2016 年互联网支付业务交易笔数为 2100.8 亿笔，交易规模为 2184.22 万亿元，其中银行业金融机构完成的交易笔数为 461.78 亿笔，交易规模为 2084.95 万亿元，同比增长率分别为 26.96% 和 3.31%；第三方支付机构完成的交易笔数为 1639.02 亿笔，交易规模为 99.27 万亿元，同比增长率分别为 99.53% 和 100.65%。

互联网支付在发展过程中呈现出以下两个特征：

第一，银行业金融机构占据主导地位。从互联网支付业务的交易规模

[①] 本书提及的第三方支付机构指的是第三方互联网支付机构，不包括从事预付卡发行、受理业务和银行卡收单业务的第三方支付机构。

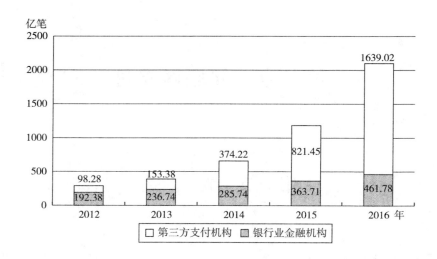

资料来源：中国人民银行。

图 2 - 1　2012—2016 年中国互联网支付业务交易笔数

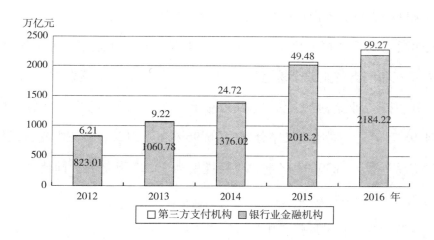

资料来源：中国人民银行。

图 2 - 2　2012—2016 年中国互联网支付业务交易规模

来看，银行业金融机构的交易规模占互联网支付业务总规模的 95.5%，而第三方支付机构的交易规模仅占总规模的 4.5%，银行业金融机构的交易规模要远高于第三方支付机构的交易规模。但是，银行业金融机构交易规模的增长速度非常缓慢，2016 年的同比增长率仅为 3.31%，而第三方支付机构交易规模的同比增长率达到 100.65%。

第二，第三方支付机构平均每笔的交易额较小。2016 年第三方支付机构完成的交易笔数要远高于银行业金融机构，但是交易规模却远不如银行业金融机构。对数据进行处理分析，可以发现第三方支付机构平均每笔的交易额仅为 606 元，而银行业金融机构平均每笔的交易额则高达 4.73 万元。

第三方支付机构平均每笔交易额较小主要有以下四个原因：一是两者的业务领域存在较大差异，第三方支付机构以日常消费业务为主，而银行业金融机构的业务范围还包括对公业务和投资理财业务；二是用户对银行业金融机构较为信任，使用户在进行大额交易的时候更倾向于选择银行业金融机构；三是第三方支付机构对交易金额有所限制，比如建设银行借记卡绑定的微信支付单笔交易额度不能超过 10000 元，支付宝余额支付额度最高为 20 万元/年；四是监管部门倡导第三方支付机构开展小额便捷支付业务。

第二节　主要风险

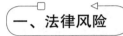

一、法律风险

（一）洗钱风险

随着互联网支付的蓬勃发展，隐藏在其背后的洗钱风险也日益凸显。中国人民银行发布的《中国反洗钱报告（2015）》显示，2015 年，中国人民银行对 28 家第三方支付机构开展了反洗钱专项执法检查，并对其中 5 家实施处罚。对支付机构的反洗钱监管，已成为反洗钱工作中不可回避的问题。中国人民银行在 2017 年 5 月印发的《义务机构反洗钱交易监测标准建设工作指引》中，也明确指出银行业金融机构和第三方支付机构需要建立与其面临的洗钱和恐怖融资风险相匹配的监测标准。

与线下支付相比，互联网支付具有更大的洗钱风险。第一，互联网支付具有全天候、超越空间地理限制和资金转移瞬时到账等特点，监管机构难以对洗钱行为进行有效的监控，也难以及时阻止洗钱行为。第二，互联网的虚拟性为互联网支付机构落实实名制带来挑战。虽然中国人民银行在《非金融机构支付服务管理办法》和《支付机构反洗钱和反恐怖融资管理办法》等法律法规中，都明确规定互联网支付机构需要核实用户身份的真实性，但在实践操作中，互联网支付机构不存在物理网点，难以通过柜台当面对用户进行身份识别，只能通过上传身份证件照片或扫描件和网络视频等方式代替。通过以上方式设立的账户多为弱实名账户，加大了对洗钱行为的监管难度。第三，互联网支付牵扯到商业银行、互联网支付机构、电信运营商、商户甚至外包服务机构等多个产业环节，容易导致交易信息和用户身份信息的分割。监管机构难以掌握反洗钱工作所需的充分信息，用户身份识别制度、交易记录保存制度和可疑交易报告制度的效力被大大削弱，反洗钱工作难度大幅提高。

（二）担保风险

在互联网支付过程中，互联网支付经营主体为交易双方起到担保的作用。根据《电子支付指引（第一号）》《电子银行业务管理办法》《中华人民共和国合同法》和《电子银行业务管理办法》等法律法规，一旦发生欺诈等交易纠纷，互联网支付服务商将会承担连带责任，还会面临网上合同效力、电子证据认定、网络交易责任承担、网络纠纷诉讼管辖范围等一系列的法律责任问题。此外，有些互联网支付经营主体为了抢占市场份额，会主动为用户提供"先行赔付"等售后服务，而这无疑会加剧担保风险。

二、交易风险

交易风险是指消费者未能践行合约支付相应货款或商家无法为买方提供令其满意的商品而造成损失的风险。从资金流动的角度来看，交易风险并不会给互联网支付服务商的资金带来真实损失，但是交易风险将增加互联网支付服务商的运营成本。另外，如果商家提供的商品无法令消费者满意，消费者进行退货或者退款等操作时不仅会产生时间成本，还需要承担物流费用。这种情况若时有发生，不仅会严重影响电子商务平台的声誉，还会间接影响互联网支付服务商的盈利能力。

三、信息技术风险

（一）网络安全风险

互联网支付行业是黑客攻击的主要目标之一，黑客利用互联网支付系统在基础设施和数据管理等方面可能存在的缺陷，窃取用户的敏感信息。例如，黑客窃取用户的支付账号和身份证号码等信息，并将信息出售给其他机构，这不仅会给用户造成巨大损失，而且还会造成互联网支付机构的信任危机。

黑客攻击第三方支付机构最常见的手段就是分布式拒绝服务（DDoS）攻击。一种是利用合理的服务请求来占用过多的服务资源，使得服务器运作超负荷，从而使合法用户无法得到系统的正常响应；另一种是流量攻击，就是在同一时间频繁访问网络接口，导致服务间歇性地出现中断，使用户无法正常访问业务。虽然第三方支付公司都严格按照中国人民银行的监管要求进行了网络安全建设，很大程度上防止了黑客直接入侵业务系统，但无法阻止其成为黑客攻击和勒索的理想目标。2015 年 8 月，某第三方支付机构遭到黑客攻击，巨大的流量攻击导致电信主干网临时关闭第三方支付平台的 3 个互联网协议地址（IP），导致部分地区用户无法正常登录。类似情况也出现在另一家支付公司，其经常遭到 DDoS 大流量攻击，导致互联网数据中心（IDC 机房）网络带宽出口被堵，用户登录访问速度变慢。事实上，很多第三方支付公司都遭受过类似攻击。这些黑客常常自称受雇于竞争对手。在攻击成功后，黑客既能从雇主处拿钱，也会乘机勒索被攻击方。

为了抵御 DDoS 攻击，不论研发安全产品，还是购买安全服务，对于互联网支付机构都是非常大的开支。此外，流量攻击无法从根本解决，只能通过流量清洗、加大带宽来应对。有的互联网支付机构会选择租用内容分发网络（CDN）和电信运营商的流量清洗服务，但是高额的服务费会让很多中小型互联网支付机构望而却步。正是基于被攻击公司舍不得花钱做防护的心态，黑客常常开出数万至数百万元不等的勒索金额，而多数公司为了避免业务停顿造成更大的损失，往往会选择妥协。企业为了避免因遭受黑客攻击而蒙受更大损失，加大必要的安全投入完全值得。

（二）基础设施安全风险

基础设施安全风险是指在互联网支付过程中，因电脑设备、供电系统和通信设施等基础设施发生技术故障，不能保障支付业务正常、有序、高效、顺利地进行而造成损失的风险。基础设施发生故障会影响支付业务的连续性，进而影响消费者的支付体验，甚至会引发市场恐慌，导致声誉风险和流动性风险。

案例 2 - 1　支付宝宕机事件[1][2]

2016 年 7 月 22 日上午，用户在使用支付宝进行支付和转账时均接收到 "网络不给力，请稍后再试" 的提示，支付宝回应称这一宕机事件是由于支付宝华南的一处机房出现问题。虽然支付宝方面称公司设有多处机房作为备用，一旦某一机房出现问题，就可以立即使用其他机房，但是实际上这种所谓的 "异地双活" 架构并没有真正实现无缝连接，无法做到让用户对故障无感。

这样的宕机事件对于支付宝来说并不是第一次发生。2015 年 5 月 27 日下午，支付宝就出现过无法登录、转账、付款、余额不显示等现象，给用户造成很大不便。支付宝称这一宕机事件是由于支付宝的光缆被挖断造成，两个多小时后系统才恢复正常。互联网支付机构的业务不连续性会导致服务不可用或服务水平严重降低，引发用户恐慌、机构声誉损失，甚至破产倒闭等严重后果，一些违法犯罪分子也可能利用这种系统故障欺诈消费者，给消费者的资金和信息安全带来巨大隐患。

(三) 数据泄露风险

用户数据泄露是当前互联网支付面临的主要风险。银行业金融机构和第三方支付机构在提供网上服务和交易过程中，会大量收集个人数据，由

---

① 浙江之声. 今天上午支付宝爆大面积转账故障! 原因出来了… [EB/OL]. 2016 - 07 - 22. http: //i. cztv. com/view/12148380. html

② 宋玮. 支付宝大面积瘫痪　灾备能力为何引发争议 [N]. 财经，2015 - 05 - 28.

于监管和内控机制不到位，频频出现信息泄露现象。中国人民银行披露的信息显示，2015 年 1 月，某支付机构泄露了成千万张银行卡信息，涉及全国 16 家银行，之后半年多的时间内，由于伪卡形成的损失已达 3900 多万元。

用户数据泄露的责任方难以追踪给用户维权造成障碍。在支付过程中，有多方机构能够接触到用户的数据。比如，用户向保险公司购买保单，除了支付机构，保险公司和保单快递公司都能够接触到用户的详细信息，都有可能泄露用户的信息。用户难以找出充足的证据确定数据泄露的责任方，而民事诉讼中"谁主张谁举证"的基本原则要求当事人对自己提出的诉讼请求所依据的事实或者反驳对方诉讼请求所依据的事实有责任提供证据加以证明。

四、产品设计风险

产品设计风险是指因产品设计存在缺陷而给用户造成损失的风险。支付产品与用户的资金安全息息相关，即使是支付产品设计中存在的微小漏洞，也可能会给用户的资金安全带来威胁。因此，在互联网支付产品的设计中，需要坚持"安全第一，兼顾便捷"的原则，在充分考虑支付产品运作风险的基础上，为用户提供便捷。然而，用户在选择支付产品时，只能直观地感受到支付产品的便捷性，却缺乏对安全性的判断能力。在这种情况下，用户会更加倾向于选择操作便捷的支付产品，在支付产品的设计过程中，产品经理也会更多关注支付产品的便捷性，而忽视了支付产品的安全性。

以支付宝为例说明。在 2017 年年初，有网友发现支付宝在登录方式上存在逻辑漏洞，通过"忘记密码"有较大概率能成功登录好友的支付宝账户，在登录后可以使用"免支付密码"的快捷支付功能，直接使用好友支付宝账户中的资金。"忘记密码"后用户只需要回答两个随机问题，比如找出认识的人、选择相关地址等，这个流程与商业银行重置银行卡密码的流程相比要便捷得多，但也为不法分子提供了可乘之机。

五、流动性风险

流动性风险是第三方支付行业面临的重要问题，在很大程度上是由盈利能力不足所造成。一方面，随着第三方支付行业的快速发展，大量第三方支付机构涌入支付市场，使第三方支付机构之间的竞争不断加剧，盈利空间不断被压缩。另一方面，《非银行支付机构风险专项整治工作实施方案》对第三方支付机构的备付金提出规范，中国人民银行或商业银行不向第三方支付机构备付金账户计付利息，进一步压缩了第三方支付机构的盈利空间。

第三方支付机构必须寻找新的盈利空间。市场上已经出现第三方支付与基金销售融合的趋势。第三方支付机构通过将用户支付账户中的资金转移到基金账户中，第三方支付机构就可以不受《非金融机构支付服务管理办法》对备付金的限制，从而降低备付金规模，提升第三方支付机构的盈利能力。然而，第三方支付平台上销售的货币基金有"随存随取"的特点，存在借短贷长引起的期限错配问题，如果遇到用户集中取现的状况，就有可能使流动性问题浮现出来。

六、欺诈风险

随着越来越多的消费者选择互联网支付，欺诈交易也从线下转移到线上，黑客利用新的技术进行更加复杂的犯罪活动，到处寻找连接用户和支付网络的薄弱环节并进行攻击。《中国支付清算行业运行报告（2016）》统计显示，从 2006 年到 2015 年，线上的全球欺诈交易迅速增加，线上欺诈占总欺诈的比例从 2006 年的 35% 上升到 2015 年的 51%。

用户数据泄露会助长欺诈交易。支付宝在 2015 年发布的统计资料显示，互联网支付最常见的风险类型是信息泄露引起的账户被盗和个人诈骗，占到互联网支付诈骗事件的八成以上。个人信息一旦泄露，不法分子就能够利用泄露信息刻画用户身份并实施精准诈骗，使用户难以防范，诈骗成功的概率上升。

七、互联网支付平台"跑路"风险

中国的第三方互联网支付市场是寡头市场，2016 年支付宝、财付通和银联商务三家支付平台占据了 80% 以上的市场份额，剩下的支付平台只能争抢不到 20% 的市场份额。而互联网支付业务具有很强的规模效应，除少数规模较大、口碑较好的互联网支付平台能够实现盈利外，其他大部分支付平台都处于亏损运营状态。此外，互联网支付机构存在巨大的资金沉淀，容易被挪用，影响用户资金结算安全。一旦平台的资金链出现问题，互联网支付平台就可能"跑路"，给用户造成损失。

第三节　当前监管政策

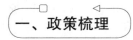

一、政策梳理

互联网支付相关的法律法规按发布时间可以分为两个阶段：第一阶段是互联网支付机构出现之前，这一阶段的法律法规对互联网支付并没有实际的监管方法，法律停留在针对电子支付环境与网络银行业务的规范，包括《中华人民共和国电子签名法》[①]《网上交易平台服务自律规范》《支付清算组织管理办法》《电子支付指引（第一号）》和《国务院办公厅关于加快我国电子商务发展的若干意见》等法律法规；第二阶段是在互联网支付机构出现之后，这一阶段的法律法规以《非金融机构支付服务管理办法》《非金融机构支付服务管理办法实施细则》和《支付机构客户备付金存管办法》等为代表，对互联网支付业务提出了具体的监管方法。

截至 2017 年 3 月，互联网支付相关的法律法规梳理如表 2 - 1 所示。

表 2 - 1　　　　　　　　　互联网支付相关监管法律法规

发布部门	法律法规名称	发布时间
全国人大常委会	《中华人民共和国电子签名法》	2005.04
中国电子商务协会	《网上交易平台服务自律规范》	2005.04
中国人民银行	《支付清算组织管理办法（征求意见稿）》	2005.06

---

① 《中华人民共和国电子签名法》最新版本为 2015 年修正的版本。

续表

发布部门	法律法规名称	发布时间
中国人民银行	《电子支付指引（第一号）》	2005.10
国务院	《国务院办公厅关于加快我国电子商务发展的若干意见》	2008.03
中国人民银行	《非金融机构支付服务管理办法》	2010.06
中国人民银行	《非金融机构支付服务管理办法实施细则》	2010.12
中国人民银行	《支付机构互联网支付业务管理办法（征求意见稿）》	2012.01
中国人民银行	《支付机构反洗钱和反恐怖融资管理办法》	2012.03
中国人民银行	《支付机构客户备付金存管办法》	2013.06
中国人民银行	《中国人民银行关于改进个人银行账户服务加强账户管理的通知》	2015.12
中国人民银行	《非银行支付机构网络支付业务管理办法》	2015.12
支付清算协会	《中国支付清算协会行业风险信息共享管理办法（暂行）》	2016.04
中国人民银行	《支付结算违法违规行为举报奖励办法》	2016.04
支付清算协会	《非银行支付机构自律管理评价实施办法（试行）》	2016.04
14部委联合印发	《非银行支付机构风险专项整治工作实施方案》	2016.04
中国人民银行	《非银行支付机构分类评级管理办法》	2016.04
国务院	《互联网金融风险专项整治工作实施方案》	2016.10
中国人民银行	《金融机构大额交易和可疑交易报告管理办法（2016修订）》	2016.12
中国人民银行等多部委	《关于进一步做好互联网金融风险专项整治清理整顿工作的通知》	2017.06
中国人民银行支付结算司	《关于将非银行支付机构网络支付业务由直连模式迁移至网联平台处理的通知》	2017.08

二、政策要点及影响

（一）支付业务许可证

2010年6月21日，中国人民银行发布《非金融机构支付服务管理办法》，标志着第三方支付正式被纳入监管范围，第三方支付机构开始有较为明确的法律规范。《非金融机构支付服务管理办法》还规定没有获得支付业务许可证的非金融机构不得经营支付业务。2016 年 4 月，中国人民银行发布《非银行支付机构分类评级管理办法》，表示在一般情况下不再受理新支付牌照申请，并将加大现有牌照清理和无证经营支付业务整治。

《支付业务许可证》是第三方支付机构从事支付业务的准入门槛。通过设立准入门槛，监管机构能够过滤掉不合规的支付机构，降低支付行业中不合规机构的比例，从而减少"跑路"事件的发生，提升支付行业的整体质量。另外，中国人民银行不再受理新的支付牌照，且支付业务许可证不可以倒买倒卖，其他企业只能通过直接收购第三方支付机构的方式获取支付业务许可证，这便提高了其他企业进入支付领域的门槛。

（二）备付金

2010 年 12 月 1 日，为配合《非金融机构支付服务管理办法》的实施，中国人民银行制定了《非金融机构支付服务管理办法实施细则》，该细则明确规定支付机构不得挪用备付金。2013 年 6 月 7 日，中国人民银行发布《支付机构客户备付金存管办法》，弥补了《非金融机构支付服务管理办法实施细则》在备付金孳息所有权方面的空白，规定支付机构沉淀资金所产生的利息在计提 10% 的风险准备金后，其余部分归第三方支付机构所有。2016 年 10 月 13 日，国务院办公厅发布的《互联网金融风险专项整治工作实施方案》补充了对第三方支付的相关规定，首次明确第三方支付机构备付金账户计付利息归中国人民银行或商业银行所有，防止支付机构以"吃利差"为主要盈利模式。

备付金孳息所有权从第三方支付机构转移到中国人民银行或商业银行，

从短期的角度考虑，第三方支付机构的盈利能力会受到影响，从而导致第三方支付机构之间的竞争加剧，在这个过程中会有一批第三方支付机构被淘汰；从长期的角度考虑，竞争加剧会迫使第三方支付机构寻求业务升级，促进第三方支付行业的创新发展。

（三）实名制

2015 年 12 月 25 日，中国人民银行发布《中国人民银行关于改进个人银行账户服务加强账户管理的通知》，规定银行业金融机构为开户申请人开立个人银行账户时，应核验其身份信息，对开户申请人提供身份证件的有效性、开户申请人与身份证件的一致性和开户申请人开户意愿进行核实，不得为身份不明的开户申请人开立银行账户并提供服务，不得开立匿名或假名银行账户。另外，通知还根据开户方式的差异将个人银行账户划分成Ⅰ类银行账户、Ⅱ类银行账户和Ⅲ类银行账户，并给每一类账户设置不同的权限，从而保证用户资金安全。

2015 年 12 月 28 日，中国人民银行出台《非银行支付机构网络支付业务管理办法》，要求支付机构遵循"了解你的用户"（KYC）原则，建立健全用户身份识别机制。非银行支付机构为用户开立支付账户，应当对用户实行实名制管理，登记并采取有效措施验证用户身份基本信息，按规定核对有效身份证件并留存有效身份证件复印件或者影印件。此外，办法也将支付账户分成Ⅰ类账户、Ⅱ类账户和Ⅲ类账户。

支付账户实行实名制管理，能够带来诸多益处。对于监管机构来说，实名制有助于切实落实反洗钱、反恐怖融资要求，防范和遏制违法犯罪活动。对于互联网支付机构来说，实名制有助于更好地打击冒名顶替、加强网络安全和惩处网络诈骗。对于消费者来说，实名制有助于减少"转错"等操作失误，同时也能提升账户的安全性。

（四）反洗钱

2012 年 3 月 5 日，中国人民银行发布《支付机构反洗钱和反恐怖融资管理办法》，明确规定支付机构总部应当依法建立健全统一的反洗钱内部控制制度，同时还对用户身份识别、用户身份资料和交易记录保存、可疑交易标准和分析报告等具体内容要求进行规范。2016 年 12 月 9 日，中国人民银行修订《金融机构大额交易和可疑交易报告管理办法》，将第三方支付纳入责任主体范围，并将大额交易的报告标准从 20 万元下调到 5 万元。

洗钱行为会导致腐败现象的加重，助长社会犯罪。此外，洗钱行为还会导致资本外逃，影响我国的外汇储备，扭曲汇率，从而在一定程度上削弱我国政府对世界经济变动的抗风险能力。第三方支付是洗钱活动的高发地，监管部门将第三方支付纳入反洗钱监管范围，并通过增强用户身份识别和大额交易监管以加强洗钱难度，有助于减少洗钱行为的发生。

（五）网联

2017 年 3 月 31 日，中国支付清算协会发布公告，宣布即日起非银行支付机构网络支付清算平台（以下简称"网联"）启动试运行，首批接入部分银行和第三方支付机构。2017 年 6 月 30 日，网联宣布正式上线并启动业务切量，第三方支付机构将旗下支付业务切至网联平台。此外，中国人民银行还规定了业务迁移的期限，即第三方支付机构及银行要在 2017 年 10 月 31 日前完成接入网联的相关准备工作，至 2018 年 6 月 30 日第三方支付机构受理且涉及银行账户的网络支付业务全部通过网联处理。

网联成立具有重大意义。在网联成立前，第三方支付机构在多个银行开设账户（伞形），能实现"跨行清算"，但这并非真正意义上的清算，而是绕开了清算，使商业银行、中国人民银行无法掌握具体交易信息，无法掌握准确的资金流向。这给反洗钱、货币政策调节、金融数据分析等中国人民银行的各项金融工作带来了很大困难。在网联成立后，第三方支付机构的账户信息和资金流向公开透明，中国人民银行不仅能更好地开展线上支付市场的整顿工作，而且能更好地制定货币政策。

第四节 问题与建议

一、当前监管政策存在的问题

从总体而言，经过近些年的探索与实践，互联网支付已经建立起一套相对完善的监管体系。此后，监管机构需将监管政策落到实处以规范市场，加强支付基础设施建设以保障支付业务的连续性。另外，监管机构还要对当前监管存在的漏洞进行填补。

（一）第三方跨境支付业务

随着跨境电商、留学教育和海外旅游等新兴跨境交易内容的快速增长，第三方跨境支付服务市场将迎来良好的业务发展机遇，但目前的监管体系还未将第三方跨境支付业务考虑在内。《非金融机构支付服务管理办法》没有就跨境支付中的用户信息与资金保护问题作出明确规定，只是间接适用境内支付的监管要求。《支付清算组织反洗钱和反恐怖融资指引》对中国境内依法从事支付清算业务的非金融机构进行规范，但并未明确规定跨境电子支付中的反洗钱内容。

（二）市场退出机制

中国已经颁布了相关的法律法规，在商业银行、证券公司和保险公司等金融机构退出市场时，为用户的合法权益提供保护。第三方支付机构同样拥有大量用户和资金，在出现流动性风险时退出市场会危及用户的资金安全，甚至会影响整个支付结算体系的正常运作。但中国现行的法律法规，仅对主动申请终止支付业务的机构作了笼统的规定，并未进一步规范具体的程序和相关配套的善后处理措施。对于未获得许可的企业，在退出市场的相关事项及由此产生的问题上也未有相应规定。

二、未来监管政策建议

（一）建立全方位联合监管体系

第三方跨境支付的监管会涉及多个监管部门，包括中国人民银行、海关总署及税务总局等。监管部门之间需要相互合作，实现全方位联合监管。第一，监管部门需统一法律标准，防止"同一指标不同标准"的情况发生。第二，监管部门需明确分工，防止重复监管和监管空白，不给不法分子钻法律空子留下机会。第三，监管部门之间需共享交易信息。

（二）完善市场退出机制

第三方支付机构因经营失败退出市场，这是市场竞争优胜劣汰的必然结果。监管部门需要建立一套完整的法律法规，为第三方支付机构市场退出的顺利运作提供良好的法律环境。在具体的制定过程中，可以参考商业银行的退出机制，为第三方支付机构制定破产、并购、接管等专门性的法律法规，明确界定各相关主体的权利和义务，保护金融消费者的合法利益。

专栏 2 - 1   聚合支付的风险与监管

随着支付行业的迅猛发展，支付市场呈现"碎片化"的发展特征，这为商户的收付、对账等环节带来诸多不便。在这样的背景下，聚合支付应运而生，运用集成技术为商户提供一点接入的综合支付解决方案，使商户的收付、对账更为便利。然而，聚合支付也存在着风险，本专栏在介绍聚合支付概念的基础上，对聚合支付所面临的四大风险和监管进行全面分析。

一、聚合支付的定义

聚合支付是指利用技术和服务集成能力，聚合多种支付工具，如支付宝、微信支付、Apple Pay 和银行卡等，为商户提供一点接入的综合支付解决方案。聚合支付介于商业银行、第三方支付机构与商户之间，不仅能够有效降低商户的技术成本和财务对账成本，还能为消费者提供多元化的支付方案，提高消费者的支付体验，推动支付服务环境的不断改善。

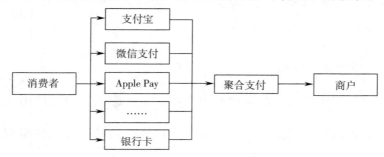

图 2 - 3   聚合支付模式

二、聚合支付的风险

（一）"二清"风险

"二清"风险是指未取得支付牌照的单位或个人提供资金清算服务，导致商户和消费者经济损失的风险。"二清"机构中的备付金账户无主管部门监管，无法对"二清"机构挪用沉淀资金等行为实行及时有效的监管。此外，在"二清"机构经营不善的情况下，机构可能会带着沉淀资金"跑路"，给商户和消费者造成严重的财产损失，严重影响社会秩序。

聚合支付机构不具备支付牌照，从本质上而言仅是提供一种纯技术服务，机构不能沉淀资金，也不能涉及商户的资金结算问题。但在现实中，仍不免有极少数聚合支付机构为商户提供资金账户，并提供结算、提现等服务，打"二清"的擦边球。

（二）盈利前景不明

作为金融服务的基础设施，支付行业一直面临盈利难题，尚未形成一套成熟、有效的盈利模式，聚合支付也不例外。目前，聚合支付的盈利模式是交易服务返佣，而其主要用户是对价格敏感的中小微商户，这些用户倾向于选择佣金费率较低的聚合支付机构。随着聚合支付市场竞争的不断加剧，很大概率会引发"佣金战"的发生。一旦如此，聚合支付机构将不得不调低佣金率以提升市场竞争力，交易服务返佣的盈利空间将进一步压缩。

除交易服务返佣外，较多聚合支付机构开始依托积累的庞大支付数据衍生新型盈利模式，包括提供智能营销、数据服务、财务外包等增值业务，或在原有业务基础上叠加消费金融、现金贷等金融服务，但以上业务距离成为主营收入来源仍有很大差距。此外，若衍生增值服务涉及金融服务，聚合支付平台还需防范金融业务风险。

（三）同质化竞争

据亿欧网统计，截至 2016 年年底，中国市场已有 30 多家聚合支付机构，而聚合支付业务的同质化较为严重，导致市场竞争激烈。此外，聚合支付机构还面临商业银行的竞争。市场上已有商业银行开始布局聚合支付业务，比如兴业银行于 2016 年 11 月推出聚合移动扫码支付产品 "钱 e 付"，可以将支付宝、微信支付、QQ 钱包、掌柜钱包等移动支付方式集成并提供给银行及其合作商户使用。2017 年 4 月，工商银行表示工行二维码将陆续支持微信支付、银联支付以及主要第三方支付的二维码产品，开展聚合支付收单业务。与商业银行相比，聚合支付机构具备更强的创新基因，但在信誉和客户积累方面却远不如商业银行，商业银行布局聚合支付业务，将会给聚合支付机构带来较大的竞争压力，迫使聚合支付机构创新升级。

（四）第三方支付市场寡头垄断特征明显

中国人民银行于 2016 年 4 月发布的《非银行支付机构分类评级管理办法》表示，在一般情况下不再受理新支付牌照申请，并将加大现有牌照清理和无证经营支付业务整治，这意味着第三方支付机构数量将会不断缩减。中国支付清算协会发布的《中国支付清算行业运行报告（2017）》显示，2016 年，因注销、主动申请注销、不予续展和续展合并等因素，270 家第三方支付机构缩减为 255 家。截至 2017 年 6 月，中国人民银行注销名单中共有 12 家支付机构。

当前，中国支付市场已形成"三国鼎立"的局面，银行卡收单业务是银联的天下，支付宝和财付通掌控移动支付市场，市场寡头垄断特征明显。艾瑞咨询发布的《2017 年中国第三方移动支付行业研究报告》显示，在 2016 年第四季度，支付宝的市场份额达到 55%，财付通市场份额约为 37%，而支付行业的收益来源主要是手续费，其增长主要依靠规模效应，这意味着众多第三方支付机构无法达到关键规模，盈利能力堪忧，市场寡头垄断特征有望进一步加剧。

聚合支付机构的核心业务在于集成多方支付通道，使商户的收付、对账更为便利。而第三方支付机构数量不断缩减，市场寡头垄断特征加剧，将使聚合支付的集成功能失去意义，对聚合支付行业造成冲击。

三、聚合支付的监管

据财新网报道，2017 年 1 月，中国人民银行总行向各分支机构低调下发《关于开展违规"聚合支付"服务清理整治工作的通知》，要求各省对辖区内提供聚合支付的服务商进行摸底清查工作。这是首份针对聚合支付的规范性文件，将聚合支付严格定位于"收单外包机构"，并画定了一条明确的红线，即四个"不得"：不得从事商户资质审核、受理协议签订、资金结算、收单业务交易处理、风险监测、受理终端主密钥生成和管理、差错和争议处理等核心业务；不得以任何形式经手特约商户结算资金，从事或变相从事特约商户资金结算；不得伪造、篡改或隐匿交易信息；不得采集、留存特约商户和消费者的敏感信息。

2017 年 3 月，中国人民银行发布《关于持续提升收单服务水平，规范和促进收单服务市场发展的指导意见》（以下简称《指导意见》）。《指导意见》明确鼓励聚合支付服务的发展，并认可聚合支付在持续改善特约商户支付效率和消费者支付体验上的作用。此外，《指导意见》还鼓励聚合支付融合商户会员管理、营销活动管理、库存信息管理、供应链管理、数据分析挖掘等个性化增值服务。在规范方面，《指导意见》对聚合支付业务系统的安全性、稳定性和技术标准符合性等内容提出要求，并要求收单机构采用有效技术防止聚合支付机构采集、留存特约商户和消费者的敏感性信息以及伪造、篡改或隐匿交易信息。

总体而言，中国人民银行认可聚合支付给商户和消费者带来的价值，鼓励聚合支付的发展和创新，但也对"二清"业务、商户和消费者信息保护等方面作出了严格规范。

第三章 P2P 网络借贷

第一节 概 述

个体网络借贷，又称 P2P（Peer to Peer）网络借贷，是指个体和个体之间通过网络借贷信息中介机构实现的直接借贷。其中，个体包含自然人、法人及其他组织。P2P 网络借贷中，网贷平台仅作为信息中介，为借款人和投资人提供信息交流平台，自身不设资金池，不提供资金。中国 P2P 网络借贷市场发展迅猛，各种形式的业务不断演进，满足客户的差异化需求。从产品结构角度，现阶段中国的 P2P 网络借贷的业务模式大致可以分为两种：纯信息中介模式与复合信息中介模式（见表 3 - 1）。

表 3 - 1　　　　　　　　我国 P2P 借贷的模式与性质

业务模式	参与机构	机构性质	经营模式	典型代表
纯信息中介模式	P2P 网络借贷中介机构	纯粹信息中介	线上	拍拍贷
复合信息中介模式	P2P 网络借贷中介机构；担保机构	中介机构 + 担保机构	线上与线下结合	人人贷

其一，纯信息中介模式，是指 P2P 网络借贷平台仅作为信息中介为借款人和投资人提供信息中介服务。纯信息平台利润来源主要是向投资人和借款人收取一些服务费。其二，复合信息中介模式的 P2P 网络借贷平台是

在纯信息中介模式的基础上，与第三方担保机构合作，为投资人提供担保，当借款项目出现违约时，为投资人提供一定的补偿。可见该种类型的 P2P 平台不仅具有信息中介职能，还承担了保障用户权益的功能，因此被称为复合信息中介模式。

回顾 2016 年 P2P 网络借贷的发展，一方面，正常运营的 P2P 网络借贷平台在减少（见图 3-1），截至 2016 年 12 月共有 4856 家 P2P 网络借贷平台（仅包括有 PC 端业务的平台，且不含港澳台地区，下同），其中正常运营的仅有 1625 家（占到 33.5% 的比例）；而另一方面，截至 2016 年年末，全国 P2P 借贷行业累计交易额保守估计约为 3.36 万亿元，其中 2016 年交易额为 19544 亿元，同比增幅为 100.4%；2016 年 12 月交易额约为 2070 亿元，环比增长 2.6%。可见行业集中趋势正在显现，大平台的市场占有率越来越高，而小平台面临着巨大的竞争压力。这种行业集中趋势还体现在地区分布上，2016 年新增平台共分布在全国 28 个省市，上海、广东、浙江和北京数量居多，分别有 66 家、63 家、62 家和 47 家，合计占到 55.1%。

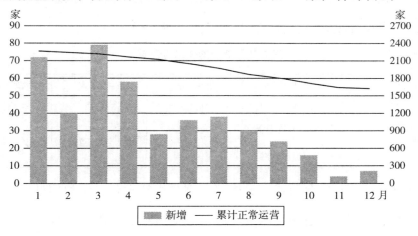

图 3-1　2016 年 P2P 借贷平台数量走势

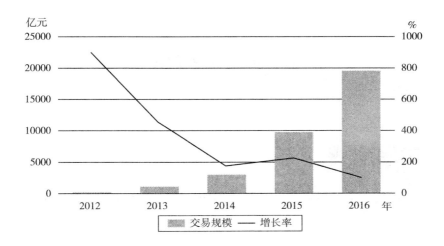

图 3 - 2　历年 P2P 借贷行业交易规模走势

随着监管的加强和利率市场化改革，P2P 网络借贷的收益率开始趋于合理化，2016 年平均投资利率约 9.93%，同比减少 0.9 个百分点。①

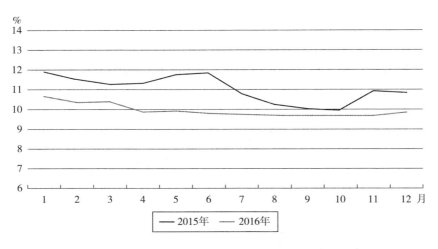

图 3 - 3　2015 年、2016 年 P2P 借贷行业平均投资利率走势

---

① 零壹财经. 中国 P2P 网贷年度报告（2016）［R］. 北京，2017.

第二节　主要风险

一、传统金融风险

网络借贷作为金融业的一个细分领域，也面临着传统金融的风险。

（一）信用风险

信用风险是指借款人无法履行还本付息义务的风险。P2P 网络借贷吸引的借款人，大多数信用状况不合传统金融机构贷款要求，他们或者信用状况较差，或者缺乏信用记录，为其提供贷款无疑会承担较高的信用风险。

借款者的信用风险在借贷行为发生前和借贷合同履行中均有体现。首先，在借贷行为发生前，借款者需要提供个人信息和借款信息，其中个人信息包括身份信息、银行流水单等证明材料。P2P 网络借贷平台对借款者的信息进行事前审核，审核通过后再将借款者的信息发布在平台上，当然也有平台存在对借款者信息审核不足的情况。审核不足的 P2P 网络借贷平台缺少对风险的事前把控，由于借贷双方之间的信息不对称，很可能导致借款者谎报信息并未被发觉，事前未做好信息审核是信用风险居高不下的首要原因。其次，在借贷合同履行中，大部分 P2P 网络借贷平台对资金流向无法控制，没有进行放贷后回访等程序，资金去向以及使用情况无法披露，在事中也存在大量的潜在信用风险。

（二）操作风险

操作风险是指由于系统的管理不完善、内部人员操作不当或者外部事件造成的财务损失。在 P2P 网络借贷中，操作风险指借助系统漏洞实现"借款包装"、"技术骗贷"，或软件、技术不够成熟导致的资金损失。操作风险与借款人的信用风险可能一起发生，造成投资人无法收回本息。P2P 网络借贷平台中不少采用线上与线下相结合的方式进行风险管理，在我国征信系统发展仍不完善的情况下，P2P 网络借贷平台对借款项目信息的掌握不全，对线下合作企业的依赖程度很高，从某种角度来讲，提高了平台的操作风险。

（三）市场风险

市场风险是指我国财政政策、货币政策导致的市场环境变化，以及股票市场、债券市场等其他市场行情变化对 P2P 网络借贷行业整体发展可能带来的不利影响。例如存款基准利率降低会导致 P2P 网络借贷借款与出借的利率普遍降低；反之亦然，利率的波动会提高投资人的收益与借款人的融资成本的不确定性。目前，我国经济发展进入新常态，积极的财政政策与稳中趋紧的货币政策对国民收入水平以及可支配收入都会带来影响，从而在一定程度上使资金需求与供给水平发生变化，进而影响包括 P2P 网络借贷行业在内的金融市场规模。

二、合规风险

伴随着 P2P 网络借贷行业的发展，我国针对 P2P 网络借贷乃至互联网金融的法律法规也在不断完善。我国 P2P 网络借贷行业刚刚经历了野蛮增长的阶段，由于之前没有行业的系统性法律法规，不少平台的业务模式走在国家法律的边缘，也有触及法律"高压线"的情况发生。2015 年中国人民银行等十部委联合印发了《关于促进互联网金融健康发展的指导意见》，明确了 P2P 网络借贷由银监会负责监管。2016 年 8 月 24 日，《网络借贷信息中介机构业务活动管理暂行办法》（以下简称《办法》）正式出台，其中划定了平台不能触及的"十三条红线"，限定一年内 P2P 网络借贷平台须整改完成。最受关注、备受热议的当属借款金额限制、银行资金存管以及电信经营许可证。

借款金额限制方面，之前部分发放大标见长的 P2P 网络借贷平台面临合规风险，例如红岭创投①、开鑫贷②等。银行资金存管方面，截至 2016 年 12 月末，已与银行签订银行存管合同的平台共有 227 家，其中 142 家存管系统已正式启用。已上线直接存管或银行直连系统的平台共有 117 家，目前行业内大多数平台所发标的和资金存管情况都不符合《办法》的规定。③ 电信经营许可证方面，我国电信经营许可证分为若干类，其中哪类是《办法》要求 P2P 网络借贷平台需要办理持有的现在尚不明确。可见，

---

① 2017 年 7 月 27 日，红岭创投董事长周世平在"红岭社区"发帖称，"2020 年 12 月 31 日到期，将现有产品全部清理完成"。

② 开鑫贷已转型为开鑫金服，并设立江苏开金互联网金融资产交易中心。

③ 零壹财经. 中国 P2P 网贷年度报告（2016）［R］. 北京，2017.

绝大多数 P2P 网络借贷平台面临着合规风险。

2017 年 6 月中国人民银行发布《关于对互联网平台与各类交易场所合作从事违法违规业务开展清理整顿的通知》，要求包含 P2P 网络借贷平台在内的互联网平台，在 2017 年 7 月 15 日前，停止与各类交易场所合作开展涉嫌突破政策红线的违法违规业务的增量，同时积极配合各类交易场所妥善化解存量违法违规业务。

三、信息披露不足与虚发假标风险

P2P 网络借贷平台的信息提供主要涉及两个方面的内容：一是信息披露的全面性和完整性；二是信息的真实性。P2P 网络借贷平台不仅要向市场披露自身的管理和运营信息，也要向投资者做风险揭示和项目融资信息的揭示，便于投资人作出正确的投资判断。信息披露是为了保护投资者利益，接受社会公众的监督，使投资者更加了解投资项目和平台的运营情况，防止平台虚假宣传。P2P 网络借贷行业如果信息披露不完全，会导致行业的信息成本上升，平台为了自身成交量和成交份额而侵犯投资人或借款人利益的道德风险也会增加，信息不对称问题更加严重。

有些平台发布虚假标的，主要出于四种目的：虚增人气、诈骗、庞氏骗局以及自融。平台出于营销的目的会大量发放短期标的，如天标[①]、秒标[②]等。此类标的的主要目的是为了吸引投资人进入，营造出一种平台人

---

① 天标是以天为单位进行计算收益的标的，通常期限在 1～30 天。
② 秒标是 P2P 平台为了招揽人气而发售的高收益、超短期的借款标的。通常是 P2P 网贷平台虚构一个借款项目，由投资者竞相打款，在满标后，P2P 平台再连本带息返还投资者。

气高涨的假象。而实际上，此类标的的背后并没有真实的借款项目支撑，而是由平台来负担这些标的的利息，这必然加大平台的债务负担和运营成本，不利于平台的经营管理。而且有些平台发放特大数量的超短期标的，还可能是平台欺诈投资者，是平台跑路的前奏。

诈骗类的虚假信息常见于初创期的平台。此类平台往往以高收益、低风险的宣传吸引投资者，当投资者将资金投入到其自建的资金池后，平台老板卷款跑路。还有些平台承诺投资人本息保障，但平台风控能力较弱，坏账率高，资金周转不灵，平台自有资金已经难以覆盖日益增大的资金缺口，只能采取借新还旧的庞氏骗局来维持平台的资金周转，一旦资金链断裂，投资人和借款人将不可避免地遭受损失。

平台自融是指平台控制人或关联人自身有实体产业，但是在面临资金周转困境时难以通过传统的融资渠道得到资金，便通过开办网络借贷平台的方法为自己的实体产业融资。此类平台背后的实体企业一般资质较差，后续经营堪忧，一旦平台背后的投资项目运营不善，资金链断裂，债务又缺少足够的抵押物，平台只能跑路，最后导致投资人损失惨重。2016 年 8 月 24 日出台的《网络借贷信息中介机构业务活动管理暂行办法》划定了"十三条红线"，其中一条便是禁止"为自身或变相为自身融资"。

案例 3 - 1　P2P 网络借贷平台发短标后卷款跑路①

台州的恒金贷，注册资金 5000 万元，2014 年 6 月 27 日恒金贷开业时，

———————————

① 董毅智 . 2014 年 P2P 十大事件盘点 [EB/OL]. 2014 - 12 - 31. http：//www. cyzone. cn/a/20141231/267767. html.

宣传将连发三天限额在 20000 元的秒标，而且免费提现，引来了许多打新族加入了该平台的秒标活动。但是结果平台上午刚刚上线，下午就跑路。无独有偶，深圳的元一创投，上线运营仅 1 天，平台老板就携投资人 30 万元投资款潜逃。也有一些平台可能以往并没有经常大量发行短标，但是如果突然大量发行短标而且金额较大，那么很可能是平台老板跑路，携款潜逃的前兆。

案例 3 - 2 东方创投案 P2P 网络借贷自融被判非法吸存①

东方创投是自融性质的平台，东方创投案是我国司法体系对 P2P 自融案件的首次裁量。被告人邓亮（主犯）称，在平台成立的初期是将资金借给有真实资金需求的企业，但是后来平台的坏账率过高，难以满足投资者提现需要，于是将其个人名下的企业和物业实现的利润来偿付投资人的本息。后来邓亮还将再次吸收的投资者资金用于企业规模的扩张以及购置房产。平台采取借新还新的模式，维持了一段时间，但后因经济环境变化，2013 年 9 月到 10 月 P2P 网络借贷平台爆发倒闭潮，投资者密集提现，东方创投资金链断裂，非法自融行为浮出水面。

部分平台为了吸引消费者甚至进行虚假宣传，夸大产品收益，弱化投资风险，未对投资者进行充分的风险提示。还有些平台为博取投资者信任，谎称自己是某准上市公司下设的子公司，或者谎称自己与某大型机构有合作关系，让投资者误认为平台背后有强大的资金支持。如"光大尊享"平

---

① 杨珏轩. 东方创投案一审宣判 P2P 自融被判非法吸存［N］. 每日经济新闻，2014 - 07 - 23.

台正是盗用了光大证券子公司的宣传材料进行虚假宣传，部分缺乏风险意识的投资者盲目相信了平台的宣传，平台经营失败后，投资者蒙受惨重损失。

许多问题平台也曾经在知名媒体上进行宣传。"e租宝"曾经在央视、北京卫视、安徽卫视等主流媒体打广告做宣传。然而 2015 年 12 月，"e租宝"因为非法经营被调查，掀起了 P2P 网络借贷行业的轩然大波。因此，即使经过正规媒体报道的 P2P 平台，也不代表一定真实可信。平台即使在接受媒体报道时运作良好，但在后续经营中仍有可能出现问题。

2017 年 8 月 23 日，银监会印发《网络借贷信息中介机构业务活动信息披露指引》（以下简称《指引》）的通知，要求网络借贷信息中介机构及其分支机构通过其官方网站及其他互联网渠道向社会公众公示网络借贷信息中介机构基本信息、运营信息、项目信息、重大风险信息、消费者咨询投诉渠道信息等相关信息。这对于缓解由于信息不对称、信息披露不足导致的风险具有重要意义。

四、信息泄露风险

由于 P2P 网络借贷的信息提交、审核和发布都集中在网络上，借贷行为的发生离不开信息技术和数据挖掘，这时信息传输以及存储的安全性就显得格外重要。如果信息系统本身存在漏洞，使其在遭遇黑客攻击时发生信息泄露，那么用户的资金安全和信息安全都会受到极大的威胁，平台本身的交易数据也面临丢失、篡改的风险。

借款人在 P2P 网络借贷平台注册账户时需提供电话、邮箱等个人联系方式，在申请借款时需提交更为详尽的个人信息供平台进行信用审核，包括姓名、身份证号等。如果能提供更为详细的资产信息或其他可增信的信息，如学历、信用情况、交易流水、工作收入证明等，信用等级会更高，借款额度更大，借款利率更低，借款人有动力提供完备的个人信息。投资人作为 P2P 网络借贷的另一端，要想投资于 P2P 网络借贷平台的项目，须成为平台的注册会员，注册时也需提供个人信息。因此 P2P 网络借贷平台积累了大量的借款人与投资人的个人信息。

一方面，由于利益驱使，部分 P2P 网络借贷平台可能未经用户允许擅自利用用户信息从事营利活动，或提供用户信息间接参与不法活动；另一方面，用户个人信息都是依靠互联网进行传输及相关操作，用于保护信息安全的信息加密技术一旦被破解，平台用户资料的信息被泄露出去。用户隐私如果得不到保障，将会降低用户对平台的信任度。平台运营的安全性面临威胁，竞争力下降，更可能发展为行业丑闻，影响 P2P 网络借贷行业的健康发展。

黑客的入侵、钓鱼也是信息安全的重要挑战。2014 年 5 月，国内第三方互联网安全监测平台乌云曝出"晓风网贷系统任意上传漏洞，涉及金钱交易数千万"，P2P 网络借贷系统的安全性得到更多重视。黑客攻击不仅可以盗取用户信息，更可能使用户交易密码等泄露进而威胁用户资金安全。如果黑客篡改 P2P 网络借贷平台的交易信息，也会给平台造成不小的损失。

随着移动互联网的兴起，P2P 网络借贷平台纷纷推出自己开发的 APP，保证交易随时随地进行，进而提升用户体验。但是 P2P 网络借贷的 APP 安全性很难得到保障，APP 不适用安全键盘也司空见惯。根据《2015—2016

移动互联网金融 APP 信息安全现状白皮书》披露，网络借贷 APP 存在不同程度的信息安全问题，大部分 APP 中的用户信息可以被黑客监听或篡改，APP 本身可能被攻击或仿冒。

五、洗钱风险

P2P 网络借贷的隐蔽性、匿名性、即时性使得资金追踪更加困难，P2P 网络借贷平台洗钱风险不容忽视，经营的合规性面临挑战。其一，我国 P2P 网络借贷平台定位为信息中介机构，对进入平台的资金来源及去向缺乏核实的积极性，流于形式，其关注的重点是借款人是否具备良好的信用状况和经济实力以按时还款，因此性质不明的资金进出平台几乎不存在障碍；其二，P2P 网络借贷具有远程性，交易双方及平台极少进行面对面交流，使得顾客身份及其真实性验证存在难题，账户注册又不受限制，洗钱者可以通过注册多个账户，在 P2P 网络借贷的两端通过借款和投资两个渠道双向洗钱；其三，一些 P2P 网络借贷标的允许提前还款，随借随还，客户量和交易量都很庞杂，且各个平台的数据维度不统一，这对数据的处理分析都是不小的挑战，由此导致洗钱风险指标监测更加困难。

与之相比，传统金融机构具有一套成熟的反洗钱工作体系，按照要求履行反洗钱义务，同时接受检查和监督，但现阶段对 P2P 网络借贷的监管还停留在规范业务阶段，P2P 网络借贷还未成为反洗钱工作的业务主体，未纳入反洗钱监管框架，P2P 网络借贷平台缺乏履行交易记录保存和可疑交易报告等责任意识，目前未有相关的法律法规明确规定 P2P 网络借贷平台承担客户身份识别和可疑交易报告等反洗钱的责任。

第三节　当前监管政策

一、政策梳理

我国 P2P 网络借贷行业发展之初，配套的监管与法规的更新速度不及行业创新的速度，以至于许多非法平台利用法律监管上的疏漏，谋取不当利益，给投资人和行业健康发展都造成了恶劣影响。截至 2016 年年末，4000 余家平台中问题平台占比六成以上。

我国在 2013 年以前，针对 P2P 网络借贷行业出台的相关法律法规较少，一方面是因为 2013 年前，网络借贷平台的数量较少；另一方面是行业发展萌芽期并没有出现网络借贷平台风险大规模集中爆发、集体跑路的问题。2013 年后，随着 P2P 网络借贷平台"野蛮"生长，各类风险不断积聚，监管部门认识到互联网金融监管的紧迫性和重要性。特别是 2015 年 12 月，曾在 P2P 网络借贷行业中盛极一时的"e 租宝"因涉嫌非法集资罪被公安机关立案侦查后，引起了网络借贷行业的轩然大波，呼吁 P2P 网络借贷监管措施出台的声音愈加高涨。

2015 年 7 月中国人民银行等十部委联合印发了《关于促进互联网金融健康发展的指导意见》，将互联网金融划分为包括网络借贷在内的七个业态，明确了网络借贷由银监会负责监管；2016 年 8 月中旬，银监会向各银行下发了《网络借贷资金存管业务指引（征求意见稿）》，对银行开展网络借贷资金存管业务进行了规定。对于现有的 P2P 网络借贷平台来说，在政策趋紧的大背景下，达到标准进行合规经营，是不小的考验。2016 年 8 月 24 日，银监会、公安部、工信部、互联网信息办公室四部委联合发布了《网络借贷信息中介机构业务活动管理暂行办法》（以下简称《办法》），P2P 网络借贷行业监管细则正式出台，《办法》对 P2P 网络借贷业务的借款金额上限、信息披露标准等作出了更为详尽的规定。2016 年 10 月国务院办公厅关于印发《互联网金融风险专项整治工作实施方案》的通知，提出 P2P 网络借贷平台应守住法律底线和政策红线，未经批准不得从事资产管理、债券或股权转让等金融业务，落实客户资金第三方存管的要求，不得挪用或占用客户资金。表 3 - 2 大致列举了我国历年出台的、与 P2P 网络借贷平台相关的法规及监管政策。

表 3 - 2　　　　　　　　中国 P2P 网络借贷相关法规一览表①

发布机构	法规名称	内容侧重	发布时间
中国人民银行等十部委	《关于促进互联网金融健康发展的指导意见》	明确信息中介性质，不得提供增信服务，不得非法集资	2015.07
银监会	《网络借贷信息中介机构业务活动管理暂行办法》	在征求意见稿的基础上，明确借贷限额等"十三条红线"，限定整改期为一年	2016.08
国务院办公厅	《互联网金融风险专项整治工作实施方案》	鼓励和保护真正有价值的互联网金融创新，整治违法违规行为，强调穿透式监管理念	2016.10
中国互联网金融协会	《互联网金融信息披露个体网络借贷》标准	定义并规范了 96 项披露指标	2016.10

---

①　部分资料来源：中国政府网——法律法规。

发布机构	法规名称	内容侧重	发布时间
银监会	《网络借贷资金存管业务指引》	对委托人资质、存管人资质以及业务规范作出详细要求	2017.02
中国人民银行等多部委	《关于进一步做好互联网金融风险专项整治清理整顿工作的通知》	整改延至 2018 年 6 月，要求互联网金融从业机构数量及业务规模双降	2017.06
中国人民银行金融市场司	《关于对互联网平台与各类交易场所合作从事违法违规业务开展清理整顿的通知》	2017 年 7 月 15 日前，停止与各类交易所合作开展涉嫌突破政策红线的违法违规业务的增量，妥善化解存量违法违规业务	2017.06
银监会	《网络借贷信息中介机构业务活动信息披露指引》	通过官方网站及其他互联网渠道公示网络借贷信息中介机构基本信息、运营信息、项目信息、重大风险信息、消费者咨询投诉渠道信息等相关信息的行为，整改期为 6 个月	2017.08

二、政策要点及解读

（一）电信业务经营许可证

《网络借贷信息中介机构业务活动管理暂行办法》（以下简称《办法》）第二章第五条规定，"网络借贷信息中介机构完成地方金融监管部门备案登记后，应当按照通信主管部门的相关规定申请相应的电信业务经营许可；未按规定申请电信业务经营许可的，不得开展网络借贷信息中介业务"。依据《互联网信息服务管理办法》，互联网信息服务分为经营性和非经营性两类。国家对经营性互联网信息服务实行许可制度，对非经营性互联网信息服务实行备案制度。

按照《办法》的要求，与 P2P 网络借贷相关的电信业务经营许可证包括：一是 EDI，即《电信业务分类目录（2015 年版）》下的 B21 类——在线数据处理与交易处理业务许可，指利用各种与公用通信网或互联网相连的数据与交易/事务处理应用平台，通过公用通信网或互联网为用户提供在线数据处理和交易/事务处理的业务[①]。P2P 网络借贷平台为交易双方提供交易业务服务，因此符合前述定义。二是 ICP，即互联网线上经营的许可证，按照《互联网信息服务管理办法》规定，ICP 是 P2P 网络借贷平台线上营业的入场券，由各地方授权许可。

（二）银行资金存管

建立资金托管账户，指 P2P 网络借贷平台可以在符合条件的银行或金融机构开立资金托管账户，使投资人资金、借款人资金和平台自有资金相隔离。网络借贷平台无权对投资人的投资资金或者贷款人偿还资金账户进行余额变动，以充分保障客户资金安全，防止网络借贷平台私设资金池，非法挪用客户资金。

《网络借贷资金存管业务指引（征求意见稿）》中第七条规定，网络借贷信息中介机构需获得电信业务经营许可并满足其他条件后，才可以作为

---

① 工业和信息化部关于发布《电信业务分类目录（2015 年版）》的通告. http://www.miit.gov.cn/n1146285/n1146352/n3054355/n3057709/n3057714/c4564270/content.html.

委托人开展网络借贷资金存管业务。截至 2016 年年末，已与银行签订银行存管合同的平台共有 227 家，其中 142 家存管系统已正式启用。已上线直接存管或银行直连系统的平台共有 117 家。《办法》给出的一年整改过渡期，并不够一般 P2P 网络借贷平台跨过银行资金存管的门槛。

从资金存管的另一参与主体——银行来看，银行并无接入 P2P 网络借贷平台的主动性。银行大多是国有企业，决策时间漫长，银行对于数据安全性有着极高的要求，与 P2P 网络借贷平台对接意味着将在一定程度上开发银行数据库，系统技术实践并不容易，系统开发更是耗费时间，因此银行存管从签约到上线理论需要至少八九个月的时间。

2017 年 6 月末，中国人民银行等国家十七部委联合印发了《关于进一步做好互联网金融风险专项整治清理整顿工作的通知》，遵从"时间服务于质量"原则，整改最迟于 2018 年 6 月底前完成，这对于正在积极寻求合规解决方案的 P2P 网络借贷平台来说是利好消息。大浪淘沙，尽快在规定时间内完成存管要求，是合规的重要方面之一。

（三）借款金额限制

《办法》第三章第十七条规定："同一自然人在同一网络借贷信息中介机构平台的借款余额上限不超过人民币 20 万元；同一法人或其他组织在同一网络借贷信息中介机构平台的借款余额上限不超过人民币 100 万元；同一自然人在不同网络借贷信息中介机构平台借款总余额不超过人民币 100 万元；同一法人或其他组织在不同网络借贷信息中介机构平台借款总余额不超过人民币 500 万元。"这项规定引起业界内外一片哗然，有赞成的声音，也有质疑的声音，事实上这些数字是有上位法依据的，并非闭门造车之作。以"自然人在同一平台的借款余额上限不超过 20 万元"为例，这与《最高人民法院关于审理非法集资刑事案件具体应用法律若干问题的解释》中第三条"个人非法吸收或者变相吸收公众存款数额在 20 万元及以上的，依法追究刑事责任"的数字遥相呼应。况且，网络借贷作为互联网金融的重要组成部分之一，若要践行普惠金融的理念，金额限制必不可少。

截至《办法》发布的 2016 年 8 月底，单一主体（不区分企业和个人）在单一平台待还本金超过 100 万元的资金总额有 2800 亿元左右，占比接近 40%，在不考虑提前还款和新增贷款量的前提下，沉淀资金在《办法》出台 12 个月过渡期后仍有 1800 亿元左右本金未清偿完毕。在以个人借贷为主的平台中，超过 18% 的平台其 20 万元以上的在借款项占到八成以上的比重；在以企业借贷为主的平台中，约 46% 的平台其 100 万元以上的在借款项占到八成以上的比重。① 可见大量平台都超过了《办法》中对于借款余额的限制，且不说新增业务，现有存量业务怎么消化对于网络借贷平台都是一个不小的难题。

经过一年整改，P2P 网络借贷纷纷调整业务，不再发行大标，包括之前以发行大标在业内占有较高份额的红岭创投。部分平台资产端转型专注于垂直领域，如汽车、教育等。

---

① 零壹研究院 . 2016 年 8 月网贷简报［R］. 北京，2016.

（四）停止与各类交易场所合作开展涉嫌突破政策红线的违法违规业务的增量

《网络借贷信息中介机构业务活动管理暂行办法》对 P2P 网络借贷的借款金额作出了限制，为能够"合规化"地将超过限额的底层资产拆分为小额资产转让给个人，部分 P2P 网络借贷平台展开与地方金融资产交易所的合作，涉嫌将私募债公募化，降低投资者门槛，将权益拆分为均等份额公开发行或变相突破 200 人私募上限等政策红线。P2P 网络借贷大额借款拆分、私募产品拆分等经过各类交易场所包装之后，难以辨别产品信息、来源以及投向，产品存在资金池的问题，已背离穿透式监管的思路。

2017 年 6 月中国人民银行发布《关于对互联网平台与各类交易场所合作从事违法违规业务开展清理整顿的通知》，要求 2017 年 7 月 15 日前，停止与各类交易场所合作开展涉嫌突破政策红线的违法违规业务的增量，同时，互联网平台须积极配合各类交易场所妥善化解存量违法违规业务。对于 2017 年 7 月 16 日以后仍继续与各类交易场所合作开展违法违规业务的互联网平台，将对其展开现场检查，查实互联网平台是否存在变相吸收公众存款、非法发放贷款、代销违法违规产品、无代销资质销售金融产品、未取得相关资质开办资产管理业务等问题，并按照相关法律法规进行处罚。

（五）信息披露

P2P 网络借贷定位于服务中小微企业及缺乏信用记录或信用记录较差的个人，通过互联网完成相关交易和服务。由于交易双方缺乏现实中的沟通和交流，没有传统金融实体机构的权威认证，借款人的硬信息往往披露不足甚至虚假披露，借款人的软信息对于中小投资者来说更是难以搜集、掌握和分析。因此在 P2P 网络借贷市场中信息不对称现象更为严重，导致投资人因风险识别能力和判断能力过弱，无法预知与规避投资过程中可能面对的各种潜在风险和问题。

借款人和投资人之间的信息不对称，是网络借贷各种风险的根源和核心症结。信息不对称导致 P2P 网络借贷市场利率相对较高，投资人处在信息不对称中劣势的一方，可能会出现逆向选择问题，青睐于向借款利率高的借款人出借，从而挤出借款利率低但是信用良好、具有较高还款能力的借款人，进而信用风险加剧，坏账率上升。因此，无论是为了 P2P 网络借贷定价更加规范、合理，还是为了促进 P2P 网络借贷行业健康发展，改善信息不对称的局面都是至关重要的，加强信息披露正是解决信息不对称情况的关键举措。

《网络借贷信息中介机构业务活动管理暂行办法》中规定网络借贷信息中介机构应当在其官方网站上向投资人充分披露借款人基本信息、融资项目基本信息、风险评估及可能产生的风险结果、已撮合未到期融资项目资金运用情况等有关信息。一方面，在其官方网站上建立业务活动经营管理信息披露专栏，定期以公告形式向公众披露年度报告、法律法规、网络借贷等有关监管规定。另一方面，引入律师事务所、信息系统安全评价等第三方机构，对网络信息中介机构合规和信息系统稳健情况进行评估。《办法》从内容、形式上对信息披露作出了要求，并引入中立第三方，增强信息的真实性。

《互联网金融信息披露个体网络借贷》标准定义并规范了 96 项披露指

标，其中强制性披露指标 65 个、鼓励性披露指标 31 项，分为从业机构信息、平台运营信息与项目信息三方面，以期通过信息披露使行业达到"三个透明"，即通过披露从业机构、年度报表、股东高管与平台经营等信息，达到机构自身透明；通过披露资金存管、还款代偿等信息，达到客户资金流转透明；通过披露借款用途、合同条文、相关风险以及借款人信用等信息，达到业务风险透明。

《网络借贷信息中介机构业务活动信息披露指引》（以下简称《指引》），要求网络借贷信息中介机构及其分支机构通过其官方网站及其他互联网渠道向社会公众公示网络借贷信息中介机构基本信息、运营信息、项目信息、重大风险信息、消费者咨询投诉渠道信息等相关信息的行为。信息披露栏应设置在显著位置，披露用语应当准确、精练、严谨、通俗易懂，遵循"真实、准确、完整、及时"的原则，不得有虚假记载、误导性陈述、重大遗漏或拖延披露。相比于行业自律组织对会员单位提出的信息披露要求，《指引》受众范围更广，对于限期 6 个月之内未按照要求开展相关信息披露的网络借贷平台及相关当事人，具有行政处罚权和刑事处罚权。

三、当前政策对行业的影响

2015 年，《关于促进互联网金融健康发展的指导意见》和《网络借贷信息中介机构业务活动管理暂行办法（征求意见稿）》发布，拉开网络借贷监管的序幕后，2016 年互联网金融行业整顿步伐明显加快，对行业影响至深的主要包括中国互联网金融协会的成立、《网络借贷信息中介机构业务活动管理暂行办法》发布、互联网金融风险专项整治工作的开展，这些政策或重大事件对 P2P 网络借贷行业产生了重大影响。

一是明确 P2P 网络借贷的定义及业务性质，确定平台的信息中介定位，避免打擦边球的行为，从根本上明确平台的经营范围和运营规范，加强合规运营；二是明确各监管主体职责，减少监管盲区，遵循实质大于形式的穿透式监管原则，明确监管"红线"，禁止期限错配业务与类资产证券化业务等，降低行业风险水平；三是监管与自律相结合，互相补充，互相促进，达到促进行业健康发展，保护金融消费者权益的目标；四是借款金额限制，使得 P2P 网络借贷平台专注于小微市场，能够真正服务于小微企业与个人。整体来看，一系列监管政策的出台使得 P2P 网络借贷平台的业务边界更加明晰，行业壁垒提高，包括合规成本在内的经营成本提高，平台的竞争力可能会由收益水平转变为技术优势，行业朝着更加规范、更加健康的方向发展。

第四节　问题与建议

一、当前监管政策存在的问题

当前监管政策给发展过热的 P2P 网络借贷打了一针镇定剂，能够让市场各方冷静、沉着思考行业发展的问题，共谋发展。监管总是滞后于行业发展，分析当前监管政策存在的问题，有利于行业更好地发展。

首先，P2P 网络借贷需到地方金融工作局备案，然而金融局无执法权，除了取消违规平台的的备案，缺少更为有力的惩戒措施。《国务院关于界定中央和地方金融监管职责和风险处置责任的意见》（国发〔2014〕30号）说明地方只能处置风险，没有监管职责，整治期内的监管模式很难在整改结束后常态化，缺乏长效机制。

其次，政策部分条款不明确。目前监管政策较为详尽地列出了 P2P 网络借贷平台的合规要求，但仍有不够完善之处。以电信业务经营许可证为例，在《网络借贷信息中介机构业务活动管理暂行办法》公开之初，业界普遍理解为需要办理的是 ICP 证，随后传出要求办理的是 B21 类电信业务经营许可证。如果在政策公布之初，就能明确说明，平台从事何种业务需要办理哪类许可证，平台的合规整改会更加明确，效率也会大大提升。

二、未来监管政策建议

如果 P2P 网络借贷是纯粹的信息中介，而且投资者风险足够分散，对 P2P 网络借贷平台本身不需要引入审慎监管。这方面的代表是美国。以 Lending Club 和 Prosper 为代表的美国 P2P 网络贷款具有以下特点：一是投资人和借款人之间不存在直接债权债务关系，投资人购买的是 P2P 网络借贷平台按美国证券法注册发行的票据（或收益权凭证），而给借款人的贷款则先由第三方银行提供，再转让给 P2P 网络借贷平台；二是票据和贷款之间存在镜像关系，借款人每个月对贷款本息偿付多少，P2P 网络借贷平台就向持有对应票据的投资人支付多少；三是如果借款人对贷款违约，对应票据的持有人不会收到 P2P 网络借贷平台的支付（P2P 网络借贷平台不对投资人提供担保），但这不构成 P2P 网络借贷平台自身违约；四是个人征信发达，P2P 网络借贷平台不用开展大量线下尽职调查。在这些情况下，美国证券交易委员会（SEC）是 P2P 网络借贷的主要监管者，而且 SEC 监管的重点是信息披露，而非 P2P 平台的运营情况。P2P 平台必须在发行说明书中不断更新每一笔票据的信息，包括对应贷款的条款、借款人的匿名信息等。

我国 P2P 网络贷款与美国同业有显著差异。一是个人征信系统不完善，线上信息不足以满足信用评估的需求[①]，P2P 平台普遍开展线下尽职调查；二是老百姓习惯了刚性兑付，没有担保很难吸引投资者，P2P 平台普遍划

---

① 饶越. 互联网金融的实际运行与监管体系催生［J］. 改革，2014（3）：56－63.

拨部分收入到质保服务专款账户，用于保障投资者的本金；三是大量开展线下推广活动，金融消费者保护亟待加强。总的来说，我国 P2P 网络贷款更接近互联网上的民间借贷。目前，我国 P2P 网络贷款无论在机构数量上，还是在促成的贷款金额上，都超过了其他国家，整个行业鱼龙混杂，风险事件频发。我们认为，要以"放开准入，活动留痕，事后追责"理念，加强对 P2P 网络贷款的监管，秉承实质大于形式的穿透式原则，监管的出发点应当从金融功能出发，防范业务经营中可能出现的各类风险。在互联网金融功能监管中，可以分为四个方面：准入监管、运营监管、消费者保护监管以及退出监管。

（一）准入监管

准入监管是在 P2P 网络借贷平台创设之初对 P2P 网络借贷平台创设人、P2P 网络借贷平台运营能力以及平台基础设施的审查。准入限制是在源头上对平台资质的把控，对于一些设立动机不纯的平台，在准入源头上进行遏制。

一是平台创始人资质审查。平台创始人资质审查，一方面要审查创始人是否有金融机构从业经历，对于平台经营有无系统、明确的发展规划，考察创始人自身的经济状况、金融素养以及道德素质，是否有过不良信用记录，以防止出现利用平台非法集资或者卷款潜逃的情况。另一方面，还要对创始人及其亲属的重大商业活动进行考察，是否有项目经营陷入困境，或者需要资金进行周转的情况，防止出现利用平台进行自融或者关联交易。

二是平台经营实力审查。平台的管理结构和组织架构是否完备科学，平台的实缴注册资本金额，平台的运营团队是否有较强的专业能力，这些因素对于今后的经营活动都会产生重要影响。

三是平台基础设施审查。由于互联网技术在为金融带来极大便利的同时，也为金融带来了更多的风险。P2P 网络借贷平台电子设备、运行系统软件以及网络数据库等一旦出现运行错误，将会影响平台客户的资料和交易数据安全。平台的基础设施是否完备直接关乎平台能否安全地保存各类信息数据。因此监管部门应该对网络借贷的安全信息系统进行监测，平台应当具备完善的防火墙、入侵监测、数据加密以及灾害恢复等网络安全技术和管理制度，采取先进的技术手段确保借款人和投资人的信息安全。

（二）运营监管

对于 P2P 网络借贷事中监管，《网络借贷信息中介机构业务活动管理暂行办法（征求意见稿)》（以下简称《办法》）以及正式稿中已经有明确的规定。《办法》明确指出 P2P 网络借贷平台信息中介的本质，以及要求平台去担保化，禁止平台为客户提供保本保息的承诺。《办法》还采取负面清单制规定了 P2P 网络借贷平台的禁止性行为。在《办法》之外，监管部门还可以考虑纳入以下的监管措施：

一是平台信息充分披露。从以上分析中可以看出，平台信息披露对于投资者防范投资风险和网络借贷平台可持续经营能力的考察具有重要价值。平台需要向公众披露的信息主要包括两个方面：一是平台自身的经营情况；二是平台撮合交易的情况，以保障客户的知情权和选择权。P2P 网络借贷平台的股东或员工如果在自家平台上融资，要如实披露，防止利益冲突和关联交易。同时 P2P 网络借贷平台须完整、真实地保存客户和借贷交易信息，以备事后追责，并且不能利用客户信息从事超出法律许可或未经客户授权的活动。

二是网络借贷行业综合数据库。建立网络借贷全行业的综合数据库，汇总全国各家网络借贷平台上发生的债权债务关系。这样一方面利于实时监测各家平台的资金流向，防止出现利用平台自融、关联交易等违规行为；另一方面借贷双方的债权债务关系受到数据库的认证后，可以给债权债务关系更好的保障。一旦债务出现违约，也可以记入征信系统黑名单，如果债务履行顺利也可以为债务人增信，为其下次融资提供便利。同时也可以防止出现同一个借款项目在多家平台进行融资的情况，禁止一人多贷，降低欺诈风险，保障行业稳定发展。

三是建立质保服务专款账户。[①] 质保服务专款账户是指 P2P 借贷平台在向借款人及投资人收取平台管理费及平台服务费时，按借款金额一定比例提取的专款。借款人的信用风险是客观存在的，尽管严谨的风控体系可以降低信用风险，但是仍然无法完全规避掉信用风险。一旦发生逾期、违约，为保护投资人的利益不受损失，平台不失去持续经营的能力，故需要计提一定比例的质保服务专款。质保服务专款的计提比例需要根据风险计量模型得出，使质保服务专款的计提数量基本可以覆盖预期坏账损失。当投资人在平台上的出借资金可能遭受损失时，平台可以动用质保服务专款，

---

① 在 2016 年 8 月 24 日的《网络借贷信息中介机构业务活动管理暂行办法》公布后，出于符合监管要求的考虑，包括宜人贷、拍拍贷在内的多个 P2P 平台开始将平台上原先的"风险准备金"计划改为《质量保障服务协议》。

向投资人支付质保偿付费，以在一定限度内补偿出借人可能存在的回款损失。①

（三）消费者保护监管

相对于 P2P 网络借贷平台，消费者即 P2P 网络借贷投资人处于劣势地位，加强投资者保护，建立投资者保护机制，对于行业稳健发展至关重要。

一是禁止平台虚假宣传。平台在进行产品宣传和品牌推广时，不得蓄意隐瞒投资风险，夸大投资收益，不得作出误导性陈述，进而影响、干预消费者的投资决策。

二是充分的风险提示。P2P 网络借贷平台应该首先对用户进行全面的了解，特别是对客户的风险承受能力进行识别，为用户推荐适合其风险类型、满足其投资需求的产品。P2P 网络借贷平台有责任对投资者投资产品的风险进行充分的风险提示，充分保障用户的知情权和选择权，并在网站及 APP 中以醒目字体样式披露风险情况，避免误导用户。

三是建立消费者权益保护机制。应设立消费者维权通道，第一层次维权机构在各家网络借贷平台，该层次的维权渠道主要是解决客户遇到的日常纠纷，解答客户疑问。更进一层的维权机构应该是行业自律组织，通过设立线上、电话和线下服务点，受理客户的投诉，同时进行信息披露，减少其他客户的损失。如果消费者的权益还是无法得到保障，可以向司法部门提出诉讼请求。目前，中国互联网金融协会已承担部分该职能，受理客

---

① http://baike.wdzj.com/doc-view-4091.html.

户对中国互联网金融协会会员单位的投诉。

四是建立借款人信息保护制度。P2P 网络借贷平台有义务保护借款人的个人信息，防止泄露。要建立借款人信息保护制度，提高平台人员入职门槛，规范行业资格认证，提高从业人员素质，尽量避免人为因素导致借款人信息泄露。此外，要求平台必须有信息保护机制，禁止信息随意复制，加大对泄露用户隐私和信息的平台及工作人员的惩处力度，明确赔偿标准。

（四）退出监管

对于不合格的网络借贷平台，应当设立退出机制，运用联合、兼并、收购等方式寻求解决方案。对于注销或者破产的平台，应该确保投资人和借款人的资金安全，符合法规的借贷合同的效力，并移交其他的平台进行管理，不得损害借款人和投资人的权益。另外，还应当妥善处理好平台曾经收集的借款人和投资人信息，并移交接管平台防止客户信息泄露，做好信息移交工作。

P2P 网络借贷行业发展日新月异，为了满足新的金融需求和应对新科技新思想带来的变革，网络借贷行业的业务模式也在不断地变革，相应的监管措施也不是一成不变的，需要在运行的过程中进行动态的调整。从长期来看，监管改革对于 P2P 网络借贷行业的健康发展是利好的，对于解决小额贷款"融资难，融资贵"，为投资者提供多元化投资手段，促进我国多层次金融市场发展，推进普惠金融体系建设具有积极作用。

第四章 股权众筹

第一节 概 述

股权众筹源起海外，即 Equity Crowdfunding，是针对某一项目通过平台向大众进行募资的一种融资方式。股权众筹平台是助力中小企业、初创企业融资而成立的机构，能够盘活市场上的闲置资金，补充并完善资本市场，帮助解决中小企业和初创企业融资难、融资贵等问题。

股权众筹根据其募资方式的不同，可以分为公开股权融资和非公开股权融资，根据 2015 年我国《关于促进互联网金融健康发展的指导意见》（以下简称《指导意见》）中的规定，股权众筹主要是指通过互联网形式进行公开小额股权融资的活动，定义中强调的重点在于"公开"和"小额"，目前获得此类股权众筹试点的机构只有京东东家、蚂蚁达客、平安旗下深圳前海普惠众筹交易股份有限公司三家。而根据我国相关法律的规定和实务情况来看，业界广泛采纳的业务模式是互联网非公开股权融资，即融资者通过互联网非公开股权融资平台向合格投资人融资，投资人主要用资金作为对价换取公司的股权，平台提供对接服务的一种商业模式。鉴于市场中的实际应用商业模式，本章探讨的股权众筹以互联网非公开股权融资为主，并根据国内外市场和相关经验探讨股权众筹整体行业的风险和监管政策建议。

2016年下半年以来，股权众筹市场整体呈现出下降的趋势。根据中关村众筹联盟发布的《2017互联网众筹行业现状与发展趋势报告》：2016年全年，全国互联网非公开股权融资平台数量共计145家，其中正常运营的平台数量共计118家，平台下线或众筹业务下架的平台数量共计26家，转型平台共计1家。截至2016年年底，整体新增项目数量共计3268个，同比减少4264个，降幅达56.6%；其中，上半年和下半年呈现出显著不同的特征，从2016年6月开始，平台投资人人次开始呈现出显著的下降趋势，由5月的8500人次骤降至6月的5900人次。但是，另一项指标却在稳步上涨，2016年新增项目成功融资额共计52.98亿元，同比增加1.08亿元，涨幅为2.1%。

互联网非公开股权融资平台上的项目呈现出向部分行业集中的趋势。其中，从项目成功融资数量来看，文化娱乐、餐饮、企业级服务这三个行业居前，分别为102、75、74个，分别占2016年全年融资项目数的10.2%、7.5%、7.4%；从成功融资额来看，互联网金融、文化娱乐、企业级服务这三个行业排名前三位，分别为7亿元、7亿元、6.8亿元人民币，分别占2016年全年整体融资额的9.8%、9.7%、9.5%。

总体来看，股权众筹发展处于下降的趋势。本章探讨股权众筹发展所面临的主要风险和相关政策。

第二节　主要风险

一、股权众筹平台自身的风险

股权众筹平台因为成立的初衷、信息不对称、机制设计等原因为平台发展带来相关风险。

（一）平台设立初衷中正与否带来的风险

在互联网非公开股权融资市场中，"平台倒闭"、"老板跑路"、"僵尸平台"等市场现象时有发生。部分平台在建立之初就以不单纯的目的吸引市场资金，这些平台无运营之实，导致最终平台上项目资金流向出现问题。

众筹界案件是此类问题的典型案例。2016 年 10 月，众筹界所属公司锐步（上海）投资管理有限公司被正式起诉交与法院审理，起因是众筹界平台出现拖欠平台上项目款项的现象，其资金流向问题引发市场关注。该平台收到投资人款项后，并没有将资金投资到相关项目，而是涉嫌私自挪用众筹款项。[①] 虽然涉案金额较小，本金共计 6 万多元人民币，但由于平台负责人失踪，使得项目纠纷开始逐步升级为平台违约，可称为我国股权众筹平台的第一起跑路事件。

---

① 众筹之家．http：//www.zczj.com/column/2017 - 02 - 04/content_ 10684. html.

（二）信息不对称所带来的风险

信息不对称所带来的风险是指股权众筹行业中投资人、募资人与平台三方在项目推进的过程中产生的信息不对称所导致的相关风险。

1. 虚假宣传带来的风险。行业中存在领投人与募资人虚假宣传以抬高项目估值与议价能力的现象。部分平台在实际执行的过程中并未保持应有的中立态度，反而过度包装、夸大宣传平台上线项目以吸引中小投资者，存在虚假记载、误导性陈述和重大遗漏等违规现象，并在宣传过程中对风险提示信息披露不完善、不及时，或者完全不作出风险提示，情节严重的构成欺诈。这种现象不仅发生在国内，2016 年 12 月 14 日英国监管当局（FCA）颁布的关于股权众筹的新规中也披露有平台实质不合规的情况。FCA 评估后认为，部分平台在获客方式上并没有严格遵守监管规定，有夸大宣传并诱导投资者的现象存在。

虚假宣传还体现在有平台通过刷单以吸引有效投资者的投资。刷单是指平台通过雇用水军形成项目虚假投资人，以推升项目热度，吸引真实投资人进行跟投的行为。

2. 领投人、募资方、平台三方和跟投人之间存在的信息不对称。市场实践中，平台除了作为信息中介人的角色以外，会另外提供信息审核、尽职调查、领投人推荐、交易结构设计和交易过程监督等功能和服务。在这种情况下，投资者，尤其是跟投型投资者容易抱有侥幸心理依赖平台方，在没有进行合理前期调查的情况下依据平台的相关建议和宣传进行投资，将自己的资金暴露在风险之下。这种依赖心理也为平台带来挑战，如果平台上的项目出现问题，投资人更多地会将责任归咎于平台而不是融资人。一旦出现项目亏损情况，在责任承担和追究的过程中，投资人与平台方容易产生不必要的纠纷。这就导致股权众筹平台变相刚性兑付的形成。出现上述情况，平台只有采取刚性兑付的形式返还投资者本金与收益，加上舆论压力，使得平台不得不对项目进行担保以保证声誉和正常运营。若数额过大，则导致平台资金链断裂，造成运营危机。这一现象多出现在影视、餐饮等细分领域。但我国 2014 年《私募股权众筹融资管理办法（试行）（征求意见稿）》中第九条明确规定股权众筹平台不得对众筹项目进行担保，这种做法也导致了不合规经营现象的形成。

（三）平台设计不合理带来的违约风险

平台运营的成功与否直接影响到平台与投资人的收益，因此，在风险控制和项目审核机制方面应该做好充分的前期准备。

1. 风险控制机制不完善带来的风险。平台风险控制机制不完善主要体现在，对项目的尽职调查和行业分析把握不清，导致资金周转困难，造成项目纠纷并难以兑现承诺，甚至酿成信任危机。2016 年 6 月原始会平台上的《女汉子真爱公式》影视众筹融资是此类风险的典型。2016 年年初，光影工场与该平台达成协议，对正在进行的影视产品通过互联网非公开股权融资进行资金的募集，并根据预期票房作为收益出让股权。然而，电影播出后票房远不及预期，使得平台所承诺投资人的"6 个月内安全退出"无法兑现，投资人无法收回投资及获得回报。在整个募资退出过程当中，原始会并未对影视类产品的运行情况、预期收益给予科学有效的审核，审核不严格是问题产生的根本原因。

2. 项目审核机制不健全带来的风险。平台上的项目审核机制不健全，对审核环境和审核人员缺乏相关的监督机制，审核过程缺乏透明度，容易发生募资人与投资人合力对项目信息造假以获得融资的行为。同时，也存在平台因为项目审核难度和成本较高而疏于对平台项目的严格把控。大部分平台在审核机制中，只对项目团队的资质进行审核评估，但少有对项目资产进行合理科学的评估。

二、投融资市场格局带来的风险

一方面，该风险体现在股权众筹平台的项目集中于中小微企业，这些企业普遍具有生存率低、寿命较短的特征，为股权众筹平台的可持续发展带来深刻的挑战。历史数据显示，不同国家与地区，中小企业普遍生存时间较短，欧洲、日本中小企业平均寿命为 12.5 年，美国为 8.2 年，而中国的中小企业平均寿命只有 3.7 年。数据还显示，美国的小企业在进行 IPO 上市 10 年后，仅剩 28% 仍在交易所上市（中、大型公司分别为 34%、38%），15 年后存活率更是降到 20%。

另一方面，现阶段我国直接融资市场的整体规模较小，导致股权众筹的市场范围受限。近年来虽然我国直接融资的比例有所提高，但间接融资为主导的格局未变。根据中国人民银行统计数据，我国直接融资占社会融资总量的比重从 2002 年的 4.95% 缓慢上升至 2015 年的 24%，占比显著增加。而到 2017 年上半年，直接融资只占同期社会融资规模增量的 0.9%。目前，我国社会融资体系仍以间接融资为主，在间接融资占据社会融资绝对主导地位的情况下，直接融资市场可获得的优质资产本身较少，股权众筹平台还需与其他类型的股权投资机构进行优质资产的竞争，因此，市场整体环境为股权众筹平台获得可持续性的优质资产增加了难度。

三、法律法规不完善带来的风险

法律合规风险即互联网金融机构因为违反法律法规或者无法满足法律法规的要求而给机构本身、消费者乃至整个社会造成损失的风险。股权众筹平台的法律合规风险主要体现在以下几个方面：

（一）碰触非法集资或非法发行证券红线的风险

根据 1999 年中国人民银行印发的《关于取缔非法金融机构和非法金融业务活动中有关问题的通知》，非法集资是指单位或者个人未依照法定程序经有关部门批准，以发行股票、债券、彩票、投资基金证券或者其他债权凭证的方式向社会公众筹集资金，并承诺在一定期限内以货币、实物以及其他方式向出资人还本付息或给予回报的行为。目前，由于市场上的投资品种和投资渠道难以完全满足社会公众的投资意愿，而股权众筹中的互联网非公开股权融资相对于传统私募基金具有门槛低、涉众性广及方式相对简单的特点，吸引了不少公众的注意力，这也导致一些机构打着"众筹"的旗号行非法集资之实。2015 年 11 月，上海优索环保科技发展有限公司原法人代表段国帅以出售"原始股"的方式、以股权众筹的名义进行非法集资，其炮制的假股票骗局骗取上千名河南群众总共 2 亿多元资金，最后被依法逮捕。

平台在实际运营的过程中，为了项目的融资成功和平台的正常运转，会采取各种方式对相关法律法规进行规避。根据《证券法》的规定，私募投资人限制在 200 人以内，但部分股权众筹平台通过 SPV 等一系列方式，扩大投资人数，对看好的项目进行投资。平台或投资人通过设立特殊目的实体来打破人数限制，这些"打擦边球"的做法都埋藏风险与隐患。

（二）法律法规不健全

股权众筹行业的法律法规制定具有滞后性，并且位阶较低，真正具有约束力和长久效应的法律体系尚未建立起来。目前对于股权众筹的监管法律法规集中于 2015 年十部委联合发布的《关于促进互联网金融健康发展的指导意见》、2016 年国务院办公厅发布的《互联网金融风险专项整治工作实施方案》和证监会颁布的相关规定当中。但是针对股权众筹本质规定的位阶较高的《证券法》修订至今仍没有取得定论。

我国《证券法》第十条规定，向不特定对象发行证券或向特定对象发行证券累计超过 200 人构成公开发行证券行为，法律还规定向社会不特定对象募集资金必须经过有关法定部门的审批。《关于促进互联网金融健康发展的指导意见》也鼓励开展"通过互联网形式进行公开小额股权融资的活动"，其属于证券法中的公开发行，但目前立法并未从人数设定、金额设定等方面对"大众""小额"进行具体数额的规定。市场上经营的均是互联网非公开股权融资的私募型股权众筹，2014 年的《私募股权众筹管理办法》作为主要的监管条例，要求参与私募型股权众筹的发起人必须为中小微企业，然而却没有规定具体的限制融资额度。

（三）法律界定不明晰所带来的风险

股权众筹平台的法律风险也体现在法律界定不明晰导致的平台自身对法律理解不透彻所带来的合规风险。法律界定不明晰是指我国现在还尚未出台一部合理的、覆盖全行业的、细节精准的法律法规来应对股权众筹市场的发展。

公募股权众筹试点截至 2017 年全国只有三家，并且没有实质性的业务，市场上的股权类众筹融资平台皆为互联网非公开股权融资平台。这种情况导致市场无法满足股权众筹创立之初的大众化这一初衷，额度限制不清和人数的限制使得平台难以吸引到合格且优质的公众投资人，使平台发展壮大受到制约。另外，股权众筹的法律界定不清和频繁政策变动导致业界人士在开展进一步的战略布局和业务拓展时处于观望状态。

法律界定不清晰的风险还体现为股权众筹平台与项目融资方的合作方式不明确带来的权利义务界定不明晰，从而容易造成后期多方的纠纷。

案例 4 - 1   诺米多餐饮与"人人投"的纠纷①

2015 年，诺米多餐饮通过"人人投"平台融资 88 万元开设餐饮分店。在资金方面达到预期之时，双方却因为协议中的条款与实际中的事项不相符的嫌疑而产生纠纷。"人人投"认为诺米多信息披露不实，其协议中租

---

① 刘双霞. 股权众筹第一案判决平台胜出 诺米多支付人人投约 4 万［N］. 北京商报，2015 - 09 - 16.

金偏高，不符合实际情况，对其运用资金状况的真实性产生怀疑。除了信息披露问题以外，另一个操作的复杂性在于"人人投"与诺米多的合同关系不明晰。根据审理，如果两者之间是委托合同关系，即诺米多委托"人人投"进行资金募集和其他服务，届时，平台方可以以自己的名义直接向投资人进行募资，并承担相应的义务和事后可能发生的多种结果。如果两者之间是居间合同关系，即"人人投"只是作为第三方平台成为融资方和投资人之间的信息中介，由投资人和融资人之间直接签订融资合同，平台不承担相应的义务，不需要承担项目融资方信息披露不明等其他问题带来的后果。此案最后结果为"人人投"获得相应的赔偿、该案例也为未来股权众筹的法律细则制定提供了借鉴。

四、股权众筹产品设计的复杂性影响项目融资进程

股权众筹产品设计中股权架构设计带来的同股同权问题以及股权退出机制设计带来的相应难题，影响了项目融资进程。

（一）股权结构设计带来的同股同权难题

股权众筹作为中小企业融资的方式之一，在针对不同项目的股权架构设计上存在自身独有的风险。是否需要根据不同项目设定不一样的股权结构，或者采用标准化的单一产品设计方案是平台需要考虑的主要内容之一，目标是保证吸引投资人，并保证项目上市可期时股东数量适当。股权结构设计得不恰当会为项目的下一轮融资带来潜在风险，并带来项目失败的可

能性。

在实际运营过程中，平台上同一项目的不同投资者难以做到同股同权也是设计上的不合理带来的风险之一。股权众筹融资平台倾向于设立 SPV 等特殊实体，来达到实际上的投资人数的扩张。因此在项目决策等具体事项进行时，一般由专员管理 SPV 中的 LP，并由他参与所投项目的运作以及决策。这些 LP 在股东权利方面存在与机构投资者、大额投资者之间的显著差别，难以享受到相应的参与项目的权利。但另一方面，如果所有投资者可以参与所投项目的决策制定，那么必然会带来高昂的沟通成本和时间成本。而中小企业，尤其是初创企业在进军市场的过程中，快速与否有时会影响到项目的"生死"，股东进行共同决策势必会影响项目的进程。

（二）退出机制带来的难题

股权众筹的退出途径主要是股权回购、股权转让和新三板上市退出等。而这三种退出方式都存在相关问题。投资者如果通过股权回购的方式退出，一般收益率相对较低，且需要企业有足够的现金流。而股权众筹平台的项目能做到新三板上市的极为罕见，所以一般采用股权转让的方式退出。如果采取这种方式，在使用 SPV 的情况下，需要 SPV 中的其他 LP 同时确认，操作起来难度大，效率低。

第三节 当前监管政策

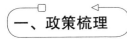
一、政策梳理

自 2013 年股权众筹在中国出现以来，监管方面也作出了及时的跟进，相关法律法规相继出台（见表 4 - 1）。

表 4 - 1 股权众筹相关监管法律法规

发布机构	法律法规名称	发布时间
中国证券业协会	《私募股权众筹融资管理办法（试行）（征求意见稿）》	2014.12
中国人民银行等十部委	《关于促进互联网金融健康发展的指导意见》	2015.07
证监会	《关于对通过互联网开展股权融资活动的机构进行专项检查的通知》	2015.08
中国证券业协会	《场外证券业务备案管理办法》	2015.09
国务院	《关于加快构建大众创业万众创新支撑平台的指导意见》	2015.09
中国证券业协会	《私募投资基金募集行为管理办法》	2016.04
全国中小企业股份转让系统有限责任公司	《关于金融类企业挂牌融资有关事项的通知》	2016.05
国务院	《互联网金融风险专项整治工作实施方案》	2016.10

二、政策要点及解读

总体上看，我国股权众筹的监管经历了从支持到规范的过程。我国股权众筹在法律法规中首次出现是在 2014 年的《私募股权融资管理办法（试行）（征求意见稿）》中，其被界定为"融资者通过股权众筹平台以非公开发行方式进行的股权融资活动"。在该释义中，核心要素为"通过股权众筹平台"、"非公开发行"和"股权融资"，除了明确规定股权众筹平台不得兼营网络贷款业务以外，其他规定与私募基金管理条例相似。因此，股权众筹也被业内人士称为私募基金的互联网化。

2015年3月，在股权众筹试点被增补进政府工作报告的同时，国务院办公厅发出的《关于发展众创空间推进大众创新创业的指导意见》中提到：国务院将开展互联网股权众筹融资试点，增强众筹对大众创新创业的服务能力。在2015年7月，十部委联合发布的《关于促进互联网金融健康发展的指导意见》（以下简称《指导意见》）明确指出"股权众筹融资中介机构可以在符合法律法规规定前提下，对业务模式进行创新探索，发挥股权众筹融资作为多层次资本市场有机组成部分的作用，更好服务创新创业企业"，并将股权众筹交由证监会进行监管。2015年8月国务院办公厅发布的《"十三五"国家创新规划》（以下简称《规划》）中提出"促进天使投资人与创业企业及创业投资企业的信息交流与合作，营造良好的天使投资氛围，推动天使投资事业发展。规范发展互联网股权融资平台，为各类个人直接投资创业企业提供信息和技术服务"。股权众筹作为直接融资的典型代表之一，《规划》的发布为其发展提供了政策上的认可与支持。

规范方面的政策则处于不断变动当中。2015年7月十部委联合发布的《关于促进互联网金融健康发展的指导意见》中明确表示股权众筹是以公开、小额、大众为基础，并进行试点运作。同年7月29日，证券业协会出台了《场外证券业务备案管理办法》，将"私募股权众筹"划入"场外证券业务"。2015年8月初，证券业协会出台的《关于对通过互联网开展股权融资活动的机构进行专项检查的通知》在《关于促进互联网金融健康发展的指导意见》的基础上对股权众筹进行了更加详细的界定，并且正式将"私募股权众筹"改为"互联网非公开股权众筹融资"，从而区分了"互联网非公开股权融资"与"股权众筹"。从定义上为股权众筹和互联网非公开股权融资进行了区分，说明了市场上的股权众筹平台属于互联网非公开股权融资的范畴，而不属于真正的股权众筹，从而划清了市场机构的经营范围，也为市场带来了一定程度上的确定性。

2016 年 10 月，国务院办公厅印发《互联网金融风险专项整治工作实施方案》，再次要求股权众筹平台不得"自筹"，表示未经批准不得提供资产管理、债权或股权转让等服务，并强调了第三方存管的必要性。其中还明确提出要禁止股权众筹平台变相公开发行证券，并提出穿透式监管，整治发展中投资人数事实上超过 200 人的现象。

2016 年 10 月 13 日，证监会等十五部委联合公布《股权众筹风险专项整治工作实施方案》（以下简称《实施方案》），重点整治互联网股权融资平台以"股权众筹"等名义从事股权融资业务，以"股权众筹"名义募集私募股权投资基金，平台上的融资者擅自公开或者变相公开发行股票，平台通过虚构或夸大平台实力、融资项目信息和回报等方法进行虚假宣传，平台上的融资者欺诈发行股票等金融产品，平台及其工作人员挪用或占用投资者资金，平台和房地产开发企业、房地产中介机构以"股权众筹"名义从事非法集资活动，以及证券公司、基金公司和期货公司等持牌金融机构与互联网企业合作违法违规开展业务等八类问题。同时，《实施方案》明示了六大红线，即擅自公开发行股票、变相公开发行股票、非法开展私募基金管理业务、非法经营证券业务、对金融产品和业务进行虚假违法广告宣传，以及挪用或占用投资者资金等行为。《实施方案》明确了整治工作职责分工：证监会是股权众筹风险专项整治工作的牵头部门，负责指导、协调、督促开展专项整治工作；各省级人民政府负责组织开展本地区专项整治的实际工作。

三、当前政策对行业的影响

（一）行业发展受限

监管趋严虽然使得市场上的非法集资、非法证券交易的现象有所缓和，同时也打击了行业的积极性和市场参与者的热情。监管政策的频繁出台，直接导致股权众筹平台减少，行业交易额出现波动。对互联网非公开股权融资与股权众筹进行明确的区分后，行业内市场参与主体依据最新的法律法规进行业务调整，进一步导致市场活力的降低。早在 2014 年《证券法》修改讨论中，就有关于股权众筹小额豁免的讨论。但经过两年多的时间，仍然没有对股权众筹提出相应的法规调整，为股权众筹的持续发展带来了极大的不确定性。

（二）有寡头形成的趋势

在互联网非公开股权融资领域，国内市场上经营效果良好的企业普遍依托成熟的互联网生态圈，能够在资源、流量、项目等方面获得互联网平台的助力，比如京东东家等依托已有的互联网资源具有先发优势，在总融资额、项目成功数方面均表现优异。监管政策的频繁波动与出台，为新进入市场主体和中小型平台带来巨大的生存压力，进一步促成了寡头局面的形成。

第四节　问题与建议

一、当前监管政策存在的问题

（一）顶层设计缺失

根据证监会对市场上股权众筹的界定，目前行业的监管主要参照私募股权基金的法律法规，从顶层设计上缺乏专门有效的治理和规范机制，尚未出台专门针对股权众筹的行政法规和部门规章。涉及的文件主要是上文提及的《指导意见》《实施方案》和中国证券业协会发布的《场外证券业务备案管理办法》等，而这些文件中对于某些具体交易行为也未给予明确的规定。

（二）制度的内部矛盾

在以往《证券法》的修订过程中，可以看到强制信息披露的重要性。其中规定某些证券发行活动必须履行向监管当局注册并公开披露信息的义务，以减少筹资者与投资者之间的信息不对称情况。

然而，对于进行股权众筹的融资方来讲，本身就面临融资成本高的问题，强制性的信息披露会增加融资方的融资成本，形成对股权众筹交易的抑制。因此，在立法上容易产生保护投资者与促进行业发展之间的矛盾。

二、未来监管政策建议

（一）借鉴国际经验

股权众筹作为资本市场的组成部分，在不同国家都起到助力中小微企业融资、支持实体经济发展的作用。在金融市场较为发达、直接融资比例高于间接融资比例的国家，如英国、美国、瑞士等，股权众筹一定程度上弥补了私募基金的不足，并且成为中小企业融资的主导力量之一。这些国家对股权众筹的发展均有独特的监管体系。其中，美国的 JOBS 法案（《初创期企业推动法案》）广为人知，旨在通过法律设置及完善以弥补通过股权众筹帮助初创企业和小微企业获得资金方面的法律上的不足。我国的《证券法》修改中可以从以下几点进行借鉴：

1. 鼓励大众投资。JOBS 法案豁免股权众筹的注册发行。这一点与美国之前的豁免注册发行最大的不同在于，这种豁免政策面向不特定大众，也就是说并不是面向俱乐部性质的小型投资者群体，而是面向进行小额投资的大众群体。

2. 对平台和合格投资人进行严格而具体的限制。JOBS 法案中对平台的限定主要在于限定融资方通过网络平台所发行证券的年度金额不得超过100 万美元。其对合格投资人的设计采用金额与百分比结合方式，能够起到扩大投资人群并控制风险的双重作用。JOBS 法案规定年收入或资产净值不足 10 万美元的，每年所投金额不得超过 2000 美元，或其年收入或资产净值的 5%，取二者中较高值；投资者年收入或资产净值超过 10 万美元的，每年所投金额不得超过其年收入或净资产值的 10%，但上限为 10 万美元。上述这些金额并不是一直固定的，JOBS 法案授权 SEC 根据美国劳工统计局公布的消费者价格指数变化情况至少每五年调整一次。

3. 对信息披露进行合理规定。在助力小微企业融资方式的便捷性方面，法律规定发行人（融资方）在信息披露方面可以免去部分烦琐的内容，或者在 IPO 注册时进行秘密提交，股权众筹平台项目 IPO 时可以享受部分信息披露豁免，以保护小微企业免受相关财务信息和商业信息公开遭受的不良影响，得到批复后再进行信息公开。

从保护中小投资者的角度出发，相关法规要求股权众筹平台在证券卖出 21 天前向 SEC 和潜在投资者发布发行者提供的所有信息，确保投资者充分了解投资风险和投资者教育的信息，并采取措施防止与交易相关的欺诈，包括对发行公司高管证券法规执行情况的背景调查等向投资人或潜在投资者有限披露投资风险。

（二）具体措施建议

1. 采取平台备案制度。对股权众筹平台采取备案制度，并在备案体系中进行实时有效的市场监测，一方面鼓励股权众筹平台的发展，另一方面保证进入市场后的股权众筹平台达到一定监管标准。通过备案体系建立起资料库和诚信档案管理制度，凡是出现欺诈行为或者损害投资者利益的行为，应及时作出警告或者终止其市场活动和取消相应业务资格以示惩戒。

2. 设定合格投资者准入门槛。股权众筹平台的合格投资者的顶层设计需要以个人资产、参与人数为出发点，设定相应的准入门槛，并在"门槛低、涉众广"和"保护投资者"之间做到有效平衡。在确定股权众筹为公募型股权众筹的基础上，设定公众人数与小额投资的实际范围，并做到投资者权利与义务的双重规定。

落实《证券法》中保护投资者的相关条例。2015 年 4 月提请审议的《证券法》修订草案中，已经设立了投资者保护专章。专章规定，在当前市场环境下，进一步强调证券经营机构向普通投资者销售产品或者提供服务时，了解客户信息、如实说明产品内容、揭示投资风险的义务；要求上市公司明确分配现金股利的具体安排和决策程序；涉及虚假陈述、内幕交易、操纵市场等证券民事赔偿诉讼时，落实投资者推选代表人进行诉讼的制度等，以维护投资者应有的权利。

公募型股权众筹的小额特征，可能会导致大众投资者"以小博大"现象的产生。这种情况下，投资者倾向于以赌博的心理押注所投项目的成功率，而不在乎相对小额的投资金额。在项目推进过程中，投资者会没有动力参与所投项目的后期发展。因此，在《证券法》修订中，也应明确投资者的相关义务，或者制定细则保证并促成合理投资的产生，防止公募型股权众筹市场沦为大众赌场。

第五章　互联网基金销售

第一节　概　　述

互联网基金销售是指基金销售机构与其他机构通过互联网平台进行宣传推介基金、发售基金份额、开设账户以及办理基金份额申购、赎回、查询等活动。① 根据《证券投资基金销售管理办法》的规定，基金管理人可以销售其募集的基金产品外，其他机构如商业银行（含在华外资法人银行）、证券公司、期货公司、保险机构、证券投资咨询机构、独立基金销售机构以及中国证监会认定的其他机构从事基金销售业务的，应向工商注册登记所在地的中国证监会派出机构进行注册并取得相应资格。可以看出目前我国对基金销售实行市场准入制度，基金公司之外的机构开展互联网基金销售业务，需要取得基金销售牌照。

目前，我国互联网基金销售平台主要有四种：一是基金公司自己的互联网直销平台；二是独立销售机构的互联网销售平台；三是基于电子商务或门户网站的互联网基金销售平台，这类平台没有基金销售机构资格，按

---

① 　中国互联网金融协会. 中国互联网金融年报 2016［M］. 北京：中国金融出版社，2016.

照规定需在证监会备案，作为基金公司在互联网上的直销平台，证监会公布的《公开募集基金第三方电子商务平台名录（2015 年 4 月）》，披露了四家平台，包括淘宝（2016 年 4 月已经下线）、京东商城、百度及数字王府井；四是基于支付等场景的基金销售平台，这种销售模式多对应合作的公募基金，如与支付宝对接的天弘基金旗下余额宝以及腾讯与易方达等基金合作推出的"理财通"等。

我国尚未建立互联网基金销售专项统计，所以目前缺少关于行业增长的权威数据。我国公募基金管理规模逐年稳步增长，从 2011 年年底的 2.17 万亿元增长到 2017 年上半年的 10.07 万亿元。在这种背景下，可以预见，互联网基金销售作为基金销售的重要组成部分，也将获得长足发展。

中国互联网金融协会以 9 家基金公司[①]为样本，统计了互联网基金销售额在基金销售总额中的占比情况：2013 年至 2015 年占比分别为 48.6%、67.2% 和 66.6%，可见互联网基金销售已经成为基金销售的主体。同样以上述 9 家基金公司为样本，从 2015 年数据可以总结出互联网基金销售的特点：基金公司的互联网直销规模占互联网基金销售额的绝大部分，2015 年占比 88%；同时，互联网货币基金销售额占互联网基金销售额的绝大部分，2015 年占比 94.9%，这与货币基金流动性强、与投资者的支付账户之间可以便捷地转换、风险小和进出零费率等特点，以及余额宝等互联网化的货币基金产品创新是息息相关的。

---

① 9 家样本基金公司包括富国基金、南方基金、汇添富基金、中银基金、审万菱信基金、国投瑞银、安信基金、天弘基金和工银瑞信，详见中国金融协会编著的《中国互联网金融年报 2016》。

第二节　主要风险

在当前的监管体系下，互联网基金销售归口证监会监管。作为互联网金融领域相对较为成熟的业态，互联网基金销售自2003年、2004年出现以来，呈现出相对稳定、有序的发展态势，并未出现过大规模的恶性事件。随着创新业务的发展及监管的进一步完善，互联网基金销售主要在以下几个方面存在可能的风险隐患。

一、第三方电子商务平台代销基金的风险

在实务当中，京东和百度等这种不具备基金销售资格的代销平台，被作为基金公司直销的一部分，并没有纳入《证券投资基金销售管理办法》等法规的监管。

根据证监会2013年3月15日发布的《基金销售机构通过第三方电子商务平台开展业务管理暂行规定》，基金交易账户开户、宣传推介、基金份额的申购（认购）和赎回、相关投资顾问咨询和投诉处理等基金销售服务应当由基金销售机构提供。而上述基金代销平台由于不具备独立销售资格，并不能涉足上述业务。另外对于宣传推广、风险披露、投资者教育和销售适用性等关于基金销售的规定，第三方电子销售平台可能存在监管盲点。

2013年余额宝上线后货币基金出现爆发式增长，由于竞争激烈，出现了多起第三方销售平台误导投资者和不当竞争的案例，如违规宣传推介、

预期或约定收益率、与银行活期存款收益率对比及对投资者收益进行补贴等。监管当局在处理这种违规行为时，对于具有基金销售牌照的机构和不具有基金销售牌照的平台区别对待。

2013 年 10 月 28 日上线的百度理财平台与华夏基金合作推出的百度"百发"产品，也打出了"年化收益率8%"的宣传语，证监会官方微博透露对该业务合规性进行了核查，百度也在监管及舆论压力下，将宣传语改为"享受活期便利，远超活期收益"。

2014 年 1 月 2 日，恒生电子公告称，控股子公司数米基金收到浙江证监局行政监管措施决定书，决定书主要内容为："经查，数米公司自 2013 年 12 月 9 日通过公司网站等渠道，宣传数米胜百八活动，对通过数米公司购买货币市场基金产品的投资者进行收益补贴，宣传资料中存在'最高可享8.8%年化收益'等不当用语，根据《证券投资基金销售管理办法》相关规定，责令数米公司限期改正。"

2014 年 1 月 9 日，东方财富公告称，全资子公司上海天天基金销售有限公司收到上海证监局行政监管措施决定书。决定书的主要内容为："经查，天天基金在销售部分基金产品过程中，在官方网站及相关互联网资料中存在'活动年化总收益10%'、'欲购从速'、'100%有保证'等不当用语，且未充分揭示货币市场基金投资风险。根据《证券投资基金销售管理办法》的规定，责令天天基金限期整改。"

二、宣传推介的合规风险

在基金网上销售过程中，投资者缺少与销售方面对面的沟通交流，所以销售方的宣传推介、风险提示、投资者教育显得更为重要。在实务当中，存在宣传推介不规范、风险揭示和投资者教育不足等投资者权益保护不到位的问题。

2013 年，以余额宝为代表的宝宝类产品抢滩货币基金市场，由于竞争激烈，出现过在宣传推介中将货币基金与银行存款做对比、忽略货币基金与银行存款的风险区别以及在宣传推介中标明最高年化收益率等现象，涉嫌违反以下有关规定：《基金销售管理办法》第三十五条规定："禁止预测基金的证券投资业绩、违规承诺收益或者承担损失、夸大或者片面宣传基金。"2015 年 12 月出台的《货币市场基金监督管理办法》第十九条规定："基金管理人、基金销售机构在从事货币市场基金销售活动过程中，应当按照有关法律法规规定制作宣传推介材料，严格规范宣传推介行为，充分揭示投资风险，不得承诺收益，不得使用与货币市场基金风险收益特征不相匹配的表述，不得夸大或者片面宣传货币市场基金的投资收益或者过往业绩。"2016 年 7 月出台的《互联网金融风险专项整治工作方案》中，针对互联网金融领域广告等行为规定"不得进行误导性、虚假违法宣传"。

三、"一键组合"缺少规范

2016 年有多家互联网基金销售平台推出了不同形态的基金销售组合。在基金组合上，既有基金公司自行构建的内部组合，也有销售平台构建的全市场组合；在运作方式上，有的销售平台采取了"仅参考，分开购买"模式，有的采取了"一键购买，指令调仓"模式，还有些平台采用了自动调仓模式。这些基金组合产品，具有 FOF（投资于其他基金的基金，Fund of Fund）产品的一些特性，目前国内已经出现私募的 FOF 产品，公募 FOF 产品尚未推出，所以业界也有观点把它们看作是 FOF 推出之前的过渡。这些基金组合产品一般不收取基金申购赎回之外的其他费用，不属于具有明确法律意义的产品，而更多地属于基金销售平台或基金公司提供的投资顾问服务。对于这类投资组合产品，目前相应的规范还不到位，尤其在投资者利益保护方面缺少清晰的规则。

关于 FOF 的法规尚在制定中。2016 年 6 月 17 日，证监会发布《公开募集证券投资基金运作指引第 2 号——基金中基金指引（征求意见稿）》，主要针对基金中基金的定义、分散投资、基金费用、基金份额持有人大会、信息披露等方面进行了规定。业界也有声音认为上述基金组合产品有可能纳入 FOF 的监管范畴，或参照 FOF 的相关规定。

四、"借牌"销售私募基金的合规风险

根据中国证券业协会于 2016 年 4 月 15 日发布的《私募投资基金募集行为管理办法》第二条的规定，除了私募基金管理人可以募集其设立的私募基金外，在中国证监会注册取得基金销售业务资格并已成为中国基金业协会会员的机构，可以受私募基金管理人的委托募集私募基金。其他任何机构和个人不得从事私募基金的募集活动。此项规定意味着除公募基金外，私募基金的销售也开始需要基金销售牌照了。

在实务当中，基金销售牌照的申请，一是申请主体需要满足 2000 万元注册资金等系列条件；二是监管层收紧了牌照的发放，如果采取收购牌照的方式，现有牌照价格已经水涨船高。总体来说牌照的获取较为困难。在

这种背景下，出现了短期申请牌照无望的机构"借牌"销售私募基金的现象。这些没有基金销售牌照的机构，通过有牌照的独立基金销售机构，来获得基金代销或包销份额，并分享基金销售费。这种行为严重违反了关于私募基金代销的有关规定，扰乱了行业的竞争秩序。

2016年在"依法监管、全面监管、从严监管"的基本原则指导下，证监会曾开展对第三方基金销售机构的治理整顿工作。在治理整顿中，已有基金独立销售机构因为对外"借牌"销售基金受到监管层的严厉批评，当事公司业务进行了整改，业务也出现了收缩。①

---

① 孙旭. 基金第三方销售机构"检查风云"［N］. 上海证券报，2016 - 09 - 28.

第三节　当前监管政策

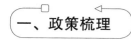

一、政策梳理

关于互联网基金销售，监管层秉承以下基本监管原则：一是要确保投资人资金安全，防止投资人资金被挪用或者侵占；二是要防止欺诈、误导投资人行为的发生；三是要严格落实销售适用性原则，充分关注投资人风险承受能力与基金产品风险收益特征的匹配。① 目前对于基金销售我国已经建立了较为全面、相对成熟的监管体系，相关法规多适用于互联网基金销售。截至 2017 年 3 月，互联网基金销售相关的监管法规如表 5 - 1 所示。

表 5 - 1　　　　　　　　　互联网基金销售相关监管法规

发布机构	法规名称	发布时间
证监会	《证券投资基金销售业务信息管理平台管理规定》	2007. 03
证监会	《证券投资基金销售机构内部控制指导意见》	2007. 10
证监会	《证券投资基金销售适用性指导意见》	2007. 10
证监会	《证券投资基金销售业务信息管理平台管理规定》	2007. 03
中国证券业协会	《网上基金销售信息系统技术指引》	2009. 11
证监会	《证券投资基金销售结算资金管理暂行规定》	2011. 09
证监会	《证券投资基金销售管理办法》	2013. 02
证监会	《基金销售机构通过第三方电子商务平台开展业务管理暂行规定》	2013. 03

---

① 详见证监会网站《关于基金销售的相关问题》，http：//www. csrc. gov. cn/pub/qinghai/xxfw/tzzsyd/201601/t20160111_ 289790. htm.

续表

发布机构	法规名称	发布时间
全国人民代表大会常务委员会	《中华人民共和国证券投资基金法》	2013.06
证监会	《关于修改〈开放式证券投资基金销售费用管理规定〉的决定》	2013.06
证监会、保监会	《保险机构销售证券投资基金管理暂行规定》	2013.06
多部委	《关于促进互联网金融健康发展的指导意见》	2015.07
证监会	《货币市场基金监督管理办法》	2015.12
中国证券业协会	《私募投资基金募集行为管理办法》	2016.04
国务院	《互联网金融风险专项整治工作实施方案》	2016.10
证监会	《公开募集开放式证券投资基金流动性风险管理规定（征求意见稿)》	2017.03
中国人民银行等多部委	《关于进一步做好互联网金融风险专项整治清理整顿工作的通知》	2017.06

二、政策要点及解读

（一）基金销售适用性原则

根据证监会于2007年10月发布的《证券投资基金销售适用性指导意见》，基金销售适用性是指基金销售机构在销售基金和相关产品的过程中，注重根据基金投资人的风险承受能力销售不同风险等级的产品，把合适的产品卖给合适的基金投资人。

《证券投资基金销售适用性指导意见》第四条规定：基金销售机构应当参照本指导意见，建立健全基金销售适用性管理制度，做好销售人员的业务培训工作，加强对基金销售行为的管理，加大对基金投资人的风险提示，降低因销售过程中产品错配而导致的基金投资人投诉的风险。

基金销售适用性原则是基金销售业务包括互联网基金销售业务需要遵循的基本原则，指导并规范基金销售机构在产品宣传、风险提示以及客户风险测评等各业务环节的操作，从而帮助投资者选择适合自己的风险承受能力和风险承受意愿的基金产品。为贯彻"销售适用性"指导意见，一般网上基金销售平台都会在投资者申购基金前以问卷的形式测评投资人的风险承受能力，并帮助投资者选择适合自己的基金产品。

（二）货币基金新规

支付宝与天弘基金合作推出的余额宝于 2013 年 6 月 13 日上线，余额宝凭借支付宝用户专享、可直接用于消费、收益每日结转、随时可查询赎回、超低投资门槛等特征开启了互联网与货币基金深度融合的新模式，带动了货币基金，尤其是通过互联网销售货币基金的快速发展。在 2014 年和 2015 年，余额宝及我国货币基金均出现大幅增长：余额宝规模从 2013 年年底的 1853 亿元增长至 2015 年年底的 7117 亿元；根据中国证券投资基金业协会的统计，我国货币基金规模从 2013 年年底的 7476 亿元，增长到 2015 年年底的 4.44 万亿元。

在货币基金规模快速增长以及货币基金创新带来了新问题的背景下，证监会于 2015 年 12 月发布《货币市场基金监督管理办法》（以下简称（《管理办法》）。《管理办法》是在 2004 年证监会与中国人民银行联合发布的《货币市场基金管理暂行规定》基础上修订完成的。在互联网基金销售方面，《管理办法》分别针对不同主体，包括基金管理人、基金销售机构、基金销售支付结算机构以及互联网机构等其他机构，以及销售推介、业务推广过程中的行为进行了规范，明确了各机构主体的业务边界及禁止行为情形。具体包括：

1. 除基金管理人和代销机构外，其他机构或者个人，例如支付机构、互联网平台不得擅自制作或者发放与货币基金相关的宣传推介材料。

2. 基金销售支付结算机构等相关机构开展与货币基金相关的业务推广活动，应当事先征得合作基金管理人或者基金销售机构的同意，严格遵守相关法律法规的规定，不得混同、比较货币基金与银行存款及其他产品的投资收益，不得以宣传理财账户或者服务平台等名义变相从事货币基金的宣传推介活动。

3. 在"T+0"业务方面，从事基金销售支付结算业务的非银行支付机构不得将客户备付金用于基金赎回垫支。

《货币市场基金监督管理办法》及时出台，对互联网销售涉及的各主体的行为进行了规范，在用户知情权、选择权、资金安全等方面加以保障，促进了这类产品的平稳发展并逐渐趋于成熟，目前风险可控。①

（三）货币基金流动性管控

在 2017 年 3 月发布的征求意见稿基础上，2017 年 9 月 1 日，证监会正式发布《公开募集开放式证券投资基金流动性风险管理规定》（以下简称《管理规定》），加强对公募基金的流动性管控。《管理规定》针对货币基金

---

① 中国互联网金融安全课题组. 中国互联网金融安全发展报告 2016［M］. 北京：中国金融出版社，2017.

的流动性管控作出了以下几个方面的规定：一是控制规模无序增长。将货币市场基金规模与其风险准备金挂钩，确保管理规模与风险管理能力及风险覆盖水平相匹配，控制个体风险传染。二是实施产品分类监管。区分机构类和零售类货币市场基金，对新设的机构类货币市场基金，禁止采用摊余成本法进行估值核算（否则应主要投资于高流动性资产），防止机构类资金进行收益套利，回归货币市场基金现金管理工具的本质。另外，对存量机构类持有人占比较高的货币市场基金，下调组合久期、提高流动性资产比例要求。三是对货币市场基金设定比普通公募基金更为严格的流动性指标限制，增强货币市场基金应对赎回与抵御风险的能力，具体包括：限制投资流动受限资产比例、细化对次高等级信用债的投资限制，同时，在征求意见稿的基础上，增加了对同一基金管理人管理的全部货币市场基金投资同一商业银行的金融工具的限制。

2017 年上半年，由于银行间利率高企带来货币基金收益走高，货币基金规模从 1 月的 3.61 万亿元增长到 6 月的 5.11 万亿元，增幅为 41.55%，货币基金规模占据了公募基金的半壁江山。同时，投资者机构化也成为一个趋势。7 月以来，货币基金收益率出现了回落。在这种背景下，如果机构集中赎回，则酝酿着一定的流动性风险。显然，上述监管新规对于货币基金的流动性风险防范具有重大意义。在这种背景下，天弘基金宣布从 2017 年 8 月 14 日起余额宝个人交易账户持有额度上限由原来的 25 万份调整为 10 万份，被认为是应对未来监管所作出的业务调整，从而提前消化监管新规可能带来的规模控制以及资产配置结构调整压力。

另外，《管理规定》第三十七条规定，对于被认定为具有系统重要性的货币市场基金，由中国证监会会同中国人民银行另行制定专门的监管规则。该规定首提"系统重要性的货币市场基金"概念，被市场认为是针对具有超大规模的余额宝。根据二季报，截至第二季度末，余额宝规模达1.43万亿元，同期货币基金总规模约5.10万亿元，余额宝的规模占整个货币基金的比重高达28%。

第四节　问题与建议

一、当前监管政策存在的问题

从表 5 - 1 可见，作为起步较早、发展较为成熟的互联网金融业态，互联网基金销售的相关法律法规较为全面完善。对于以余额宝为代表的"宝宝类"创新产品出现后带来的新问题，《货币市场基金监督管理办法》对原有法规及时补充并进行了相应的规范。目前监管相对滞后或需要强化的方面主要在于以下几点：一是对于实务中新出现的业务，还存在监管不到位的情形；二是由于惩治力度不够，违规成本较小，行业内违规宣传的现象屡治屡犯；三是对于业内性质较为严重的"借牌"销售私募基金的行为，需要加强打击力度。

二、未来监管政策建议

（一）明确在第三方电子商务平台销售基金的责任主体

2015 年 12 月发布的《货币市场基金监督管理办法》规定除基金管理人和代销机构外，其他机构或者个人，例如支付机构、互联网平台不得擅自制作或者发放与货币基金相关的宣传推介材料。同时第三方电子商务平台作为非持牌机构，未纳入《证券投资基金销售管理办法》等法规的监管，所以对于第三方电子商务平台上出现的基金销售相关的违规宣传等行为，应追究与其合作的基金管理人的责任。

（二）将"基金组合"纳入监管

对于在互联网销售平台上广泛出现的基金组合产品，当前并没有相对应的法规加以规范。无论是基金公司，还是第三方销售机构，其推出的基金组合在构建及调仓等方面并非天然与投资者利益保持一致，如货币基金费率较低，对于销售机构来说在贡献盈利方面不如股票型基金，但可能更符合客户的风险承受能力，所以一键组合需要监管加以规范。关于基金组合产品的监管，业界有观点认为未来应参照尚在征求意见中的 FOF 基金监管规范，但在收费、透明度及投资者的主动性等多个方面，基金组合与 FOF 仍有明显区别，所以在监管上也应该与 FOF 有所区别。

专栏 5 - 1   智能投顾的风险与监管

智能投顾是在线投资咨询服务提供商，基于投资者填写的问卷，在有限或者没有人为参与的情况下，在线自动为投资者提供专业的资产组合管理服务，并收取较低的服务费用。近年来，国内出现了一批开展智能投顾业务的平台和机构，这些平台多与基金销售相捆绑，业务的合规性引起了监管层的关注。2016 年 8 月 19 日，在证监会的例行发布会上，证监会发言人表示将依法查处未经注册，以智能投顾等名义擅自开展公募证券投资基金销售活动的互联网平台。山西证监局于 2017 年 4 月 13 日在其官网上发布文章，提醒投资者注意不具基金销售资质的互联网平台以"智能投顾"的名义销售基金，并提及当前智能投顾销售基金的模式：一是以弥财、财鲸等为代表的智能投顾平台，完全模仿 Wealthfront、Betterment 等投资于 ETF 组合，但受限于国内 ETF 的种类及数量，这两家公司均直接给客户匹配国外发达市场的 ETF，以达到资本配置的目的；二是以理财魔方和钱景私人理财为代表的智能投顾平台，则是以基金作为构建投资组合的标的，以匹配客户风险偏好。

根据 2010 年 10 月证监会颁布的《证券投资顾问业务暂行规定》，证券投资顾问业务是"证券投资咨询业务的一种基本形式，指证券公司、证券投资咨询机构接受客户委托，按照约定，向客户提供涉及证券及证券相关产品的投资建议服务，辅助客户作出投资决策，并直接或者间接获取经济利益的经营活动。投资建议服务内容包括投资的品种选择、投资组合以及理财规划建议等"。可见，智能投顾业务在监管上符合投资顾问业务的定义，在现有监管体制下应由证监会及行业自律组织中国证券业协会监管。

作为创新业务，目前尚未专门出台针对智能投顾的监管政策或文件，已有的投资顾问相关监管文件中也尚未增加针对智能投顾的条款。以下对智能投顾所面临的监管盲点进行简单梳理，并在此基础上提出政策建议。

一、缺少市场准入监管

对于投资顾问业务的市场准入，目前监管体系区分社会公众和机构投资者，实行"两条线"监管。

对于服务于社会公众的投资顾问业务，需要取得证券投资咨询牌照。

截至 2017 年 5 月，持有该牌照的机构共 84 家。2014 年以后，证监会基本停止发放证券投资咨询新牌照。当前以"智能投顾"名义开展业务的机构，除东方财富、同花顺等早期获得证券投资咨询牌照外，大多是"无证"运营，处于市场准入的灰色地带，面临法律风险。客观上需要监管法规对其业务进行界定，使智能投顾在监管上区别于传统投资顾问，在市场准入上进行区别对待。

对于服务于机构投资者的投资顾问业务，虽然目前没有关于证券投资咨询牌照的规定，但根据 2016 年 7 月 14 日证监会发布的《证券期货经营机构私募资产管理业务运作管理暂行规定》及 2016 年 10 月 24 日中国证券投资基金业协会发布的《证券期货经营机构私募资产管理计划备案管理规范第 2 号——委托第三方机构提供投资建议服务》，为机构投资者提供投资顾问服务的主体要求是，依法可从事资产管理业务的证券期货经营机构以及依法可从事资产管理业务的证券期货经营机构，以及同时符合以下条件的私募证券投资基金管理人：1. 在中国证券投资基金业协会登记满 1 年、无重大违法违规记录的会员；2. 具备 3 年以上连续可追溯证券、期货投资管理业绩的投资管理人员不少于 3 人、无不良从业记录。但从上述规定看，面向机构投资者的投资顾问业务，主体只能是证券期货经营机构或具备一定条件的私募基金管理人，这也是从事智能投顾的互联网平台短期无法企及的高门槛。

二、缺少行业标准

当前智能投顾在业务界定、信息披露及防范利益冲突等方面均处于模糊地带，客观上需要建立清晰的行业标准，以保护投资者利益、促进行业健康发展及公平竞争。

在实务当中，出现众多由不同机构推出的标榜为"智能投顾"的产品及服务，这些产品和服务多与基金销售捆绑，难免鱼龙混杂，甚至有一些不具备基金销售资质的机构以"智能投顾"为噱头推销基金。为避免一些不具有智能投顾内涵、仅是遵循简单投资策略的基金组合等产品以"智能投顾"的名义误导投资者，有必要从监管的角度，对"智能投顾"业务作清晰的界定，比如投资理论、投资组合的回测周期（理论上至少能够覆盖一个完整的经济周期）、算法及所用数据、假定条件的适宜性等。美国金融业监管局（FINRA）建议由独立第三方机构对算法的适宜性作测定，可供借鉴。

同时，为保护投资者的知情权，有必要加强对信息披露的监管，例如向投资者充分披露投资组合所运用的投资理论、投资组合的历史回测收益波动情况、调仓的触发条件及规则等。

2010 年 10 月证监会颁布的《证券投资顾问业务暂行规定》第十二条规定，证券投资顾问不得代客户作出投资决策。可见在当前的监管体制下，"投资顾问"与"代客理财"不能合二为一。目前智能投顾多与基金销售捆绑在一起，与客户存在着天然的利益不一致的情形。例如费率高的股票型基金更符合基金销售平台的利益，而费率较低的债券型基金及货币型基金可能更符合客户的风险等级；较高的调仓频率与基金销售平台利益一致，但却提高了投资者的交易成本。为保证智能投顾平台客观公正地从客户利益出发提供资产配比及调仓建议，有必要建立具体的行业标准，防范利益冲突。例如，制定基金组合中基金类型及比例与投资者风险等级相匹配的原则，触发调仓的具体条件等。

三、与基金销售的关系模糊

当前智能投顾多以向互联网基金销售平台"引流"的形式开展业务，业内出现了这种"引流"是否算作基金销售问题的讨论。"引流"尽管由来已久，但其并未纳入基金销售的有关监管，在当前基金销售牌照发放收紧的背景下，如果将智能投顾纳入基金销售的市场准入监管，因为基金销售牌照的门槛较高，从而难免会给行业带来震动。

基金销售机构与第三方的合作并非监管空白，证监会于 2013 年 3 月 15 日发布《基金销售机构通过第三方电子商务平台开展业务管理暂行规定》（以下简称《暂行规定》），明确了第三方电子商务平台为基金投资人和基金销售机构之间的基金交易活动提供辅助服务的业务规范。根据《暂行规定》，第三方电子商务平台实行备案管理，但相关投资顾问咨询由基金销售机构提供。结合当前的行业发展情况，可以将智能投顾纳入该《暂行规定》的监管范畴，对智能投顾平台实行备案管理，但需要适当放开"相关投资顾问咨询由基金销售机构提供"的规定，允许具备资质的投资咨询机构，包括智能投顾机构为基金销售平台的投资者提供服务。

第六章　互联网保险

第一节　概　　述

根据我国 2015 年 7 月保监会颁布的《互联网保险业务暂行监督管理办法》中的定义，互联网保险是指保险机构依托互联网和移动通信等技术，通过自营网络平台、第三方网络平台等订立保险合同、提供保险服务的业务。

通过互联网进行保险产品销售的商业模式在我国早已存在。2000 年，太平洋保险等开通全国性保险销售和服务网站，开启了我国保险产品互联网销售的序幕，但效果平平。直到 2012 年，互联网保险才有所起步。2015 年，我国互联网保费总额实现快速增长，比 2011 年增长近 69 倍。因此，2015 年被业界广泛认为是互联网保险的发展元年。2016 年在其他互联网金融业态缓慢前进的大环境下，互联网保险却显得与众不同，受到创投市场的青睐。其中，部分初创互联网保险企业单笔融资额达到亿元以上。

2017 年 2 月 14 日，保监会公布 2016 年互联网保险年度发展数据。2016 年共有 117 家保险机构开展互联网保险业务，实现签单保费 2347.97 亿元，相较于 2015 年的 2234 亿元，有略微增长。从参与主体来看，财产险为 56 家，共创收签单保费 403.02 亿元；人身险 61 家，共创收 1944.95 亿元。2016 年新增互联网保险保单 61.65 亿件，占全部新增保单件数的 64.59%。其中退货运费险签单件数达 44.89 亿件，同比增长 39.92%；签单保费 22.36 亿元，同比增长 24.97%。2016 年，云计算、移动互联网等新技术在保险业应用不断深入。

互联网保险整体上呈现出碎片化、场景化、高频化、购买门槛低的特征。这些产品依托不同的商业场景设计，具有针对性，满足客户的个性化需求，并且将保险服务植入生活的各个方面。互联网保险碎片化的特征也使得其起投门槛相对低廉。同时，互联网保险的快速发展也带来了良莠不齐的市场乱象。市场上涌现出各种各样的噱头保险产品，比如雾霾险、摇号险等。这些产品名为保险产品实为销售手段，以吸引消费者眼球达到为保险公司作品牌宣传的目的。保险产品的过度创新还为保险公司带来偿付压力。另外，有的互助保险企业巧用相互保险概念违规经营，为消费者的权益带来潜在隐患。

第二节　主要风险

一、信息不对称引发的风险

（一）逆向选择

逆向选择是指保险公司对于投保人真实信息不了解的情况下，出险概率更高的客户更倾向于购买保险。互联网保险由于网络平台上身份识别困难，加剧了逆向选择的风险。互联网保险平台的投保、审核、赔付环节几乎全部在线上进行，为投保人选择性地提供信息提供了方便。以互联网人身险为例，在购买过程中，投保人的身份识别依靠手机验证码、身份证信息、银行卡支付等进行核实。在投保人与被保险人非同一人的情况下，由投保人对被保险人态度进行确认，因此在这种电子合同签约的方式中，无法明确知晓被保险人是否同意保险条款。而根据相关立法，在被保险人未同意的前提下，这种保险条款无法生效。这一方面造成了法律纠纷的可能性，另一方面使得同一险种中，具有相对高风险的人群作为被保险人的比例提高，使得逆向选择风险加剧。

互联网保险的场景化、碎片化特征也加剧了逆向选择风险。这些产品价格低廉，方便购买，有消费者会对出险率高的保险产品进行大量购买获取赔付。比如航空延误险，成为一些"薅羊毛"者的首选。这种情况可能导致保险公司被迫终止相关产品的运营。再比如退运险，同样一种网购的商品，购买退运险的客户要比没有购买的客户退货的可能性高。

（二）欺诈风险

互联网的虚拟特征使得信息更加不对称与不透明，加剧了欺诈风险的严重程度。保险市场中的不同交易主体拥有其他参与方未知的自身信息，因此都存在通过自己的信息优势获得额外收益的动机，从而诱发保险欺诈现象的产生。

保险市场的交易主体主要有以下三方：投保人——保险产品购买者；承保人——保险产品供给者；保险中介或保险代理人。在现阶段的保险市场中，三方均存在欺诈的动机与欺诈的可行性。

1. 投保人的欺诈行为。投保人的欺诈行为主要体现在重复购买保险和捏造保险事故上。投保人可能会为获得额外收益而购买多份保险并隐瞒购买多份保险的事实，以期获得超额赔付。比如在确定航班延误的前提下，购买多家保险公司的延误险，以期实现无风险套利。个别投保人还通过捏造保险事故，误导保险公司进行赔付。

我国信用体系机制尚不健全，保险行业暂未建立起统一的黑名单共享制度，保险公司难以甄别投保人的诚信度。客户进行线上投保时，不与保险公司进行直接的接触与沟通，存在提供虚假信息或选择性隐瞒信息的动机，使得保险公司无法准确判断客户的信用水平，导致审核结果不准确，难以将骗保率维持在可控的范围内，使得反欺诈压力上升。另外，部分互联网保险产品由于金额微小，平台普遍审查简单，更增加了欺诈风险发生的概率。

2014 年，浙江省湖州市的运费险骗保案是此类欺诈风险的典型案例之一，并被业内认为是国内第一起互联网保险骗保案。骗保人屡次虚假购物，在购物的同时购买由淘宝和华泰财产保险共同推出的运费险，然后再假装退货以骗取运费险赔款，总共骗得保费金额高达 20 多万元人民币，最后被判处罚金和有期徒刑 6 年 6 个月。

2. 承保人的欺诈风险。承保人即互联网保险平台（直销平台）也存在违规经营的可能性。互联网保险平台的违规经营主要在于未经保监会批准而成立经营。这种风险在 2016 年集中表现在互助保险公司的大量成立，以及个别互助保险公司的欺诈行为所带来的风险。个别互助保险平台通过篡改投保人数、投保时间、投保人身份等形成欺诈行为。以篡改投保人数为例，如果平台将投保人数虚报为实际投保人数的一半，则每笔赔付中，每位投保人需均摊两倍于本应承受的保费，而平台则轻易获利。

互联网保险平台的欺诈行为还体现在进行品牌宣传时的虚假宣传和蓄意夸大，或在进行互联网保险产品销售时进行不符合事实的信息披露或者选择性地披露相关信息。互联网保险公司倾向于将收益等相关信息放在网站显要位置推介给消费者，而将风险信息放在较为隐蔽的位置。

3. 保险代理人的欺诈风险。保险代理人的欺诈风险在互联网保险中主要体现在误导销售。保险代理人误导销售是指保险代理人在销售产品时，并不从投保人的自身情况出发，而是夸大或扭曲保险产品相关信息，使得投保人购买不符合自身需求的保险产品。有的代理人故意混淆银行理财产品和保单的区别，使得消费者误认为自己购买了具有稳健收益的银行理财产品，从而达到增加销售额的目的。在淘宝保险销售频道，有的高现金价值的寿险会醒目地标注"累计预期收益率"的字样，但完全不提风险。这些寿险产品与购买人实际的人身保障没有直接关联，只是以高收益作为吸引客户的手段。

二、信息技术安全风险

互联网保险产品购买、审核、理赔各交易环节均在网络上完成，互联网技术的使用带来信息技术安全风险，包括网络安全风险与数据安全风险。

（一）网络安全风险

系统性开发不健全使得部分互联网保险公司的网络平台暴露在黑客攻击的环境下，从而造成数据流失和信息被盗的风险。系统建设不健全还会带来内部操作风险。新的技术需要专业的人才与知识储备，而互联网保险企业是否具备雄厚的资金实力、专业的人才队伍和高水平的内控机制，会成为维护系统平台安全的重要因素。从目前市场的现象来看，部分互联网保险公司缺乏系统性管理机制和有效率的执行机制，没有从系统建设、管理、维护到信息安全保障、应急处理、人才队伍培养等进行整体规划，存在效率偏低、系统建设不完整的行业现象，构成潜在风险来源。

（二）数据安全风险

数据安全风险还体现在网络平台上的数据泄露风险。传统保险精算的计算逻辑在于通过历史数据的搜集来预测未来发生风险的可能性。互联网保险的创新在于通过不同维度数据的挖掘与积累，以多个角度评估未来风险的可能性。除了单一线性的历史数据以外，多维度的计算能提高风险识别和预判的准确性。但在提高预判准确性的同时，也为网络数据安全带来更大的风险隐患。比如，网络数据的保存面临系统开发不健全带来的风险。其中，防火墙设置、加密认证和互联网保险公司线上交易时的数字签名等技术容易受到文件处理、传输过程中系统漏洞的干扰，造成系统不必要的故障和数据遗失，给信息的保密性、可用性、完整性和安全性带来威胁。

三、法律合规风险

互联网保险公司在开展业务之时，容易在产品设计、营销方式、经营范围三个方面碰触监管红线，为公司带来合规风险。

（一）产品设计不合规

互联网保险产品的产品设计不合规主要表现在两个方面：一是过度创新造成产品异化，偏离保险本质，导致其违背保险原则；二是产品展示设计上存在误导现象。

互联网保险产品的过度创新、产品异化主要表现为个别保险产品的费率厘定不符合公平性原则或违背保险原理。此外，个别保险产品的标的损失不可计量，从而违反了偿付原则。比如，部分精神损失类保险将产品责任范围扩展至承保精神损失，因精神损失无法客观计量，保险公司将其设计成为定额给付型产品，违背了保险的损失补偿原则。

为了销售便利，部分互联网保险产品名称设计得较为模糊。比如，个别第三方网销保险平台在销售时过分包装保险产品名称，"结婚保险"、"退房险"、"扶老人险"等字样频现，这些产品实质为责任险或意外险。这种做法不符合监管规定，存在歧义与误导。

（二）不规范营销

部分互联网保险公司为了扩大市场、提高客户留存度，存在不规范营销行为，主要体现在产品信息的不真实，如提供虚假信息、蓄意夸大或隐瞒产品相关信息等。比如，有的互联网保险公司在销售产品时着重介绍保险产品收益，而弱化或隐瞒产品的风险。

（三）违规经营

在创新发展的浪潮中，一批互联网保险和互助保险平台涌现，其中一些并无保险经营资质，属于违规经营。同时，市场上存在不法机构和人员通过互联网利用保险公司名义或假借保险公司信用进行非法集资的现象。部分互助保险平台，根据保监会的规定也涉嫌违规经营。这些平台以相互保险的名义开展业务，采取预收费模式，成立之初会员缴纳一定金额会费。如果承保的风险发生，会员可获得互助平台上以会费作为来源的偿付。这样的模式存在设立非法资金池的嫌疑。

四、新技术带来法律纠纷风险

新技术带来的法律纠纷风险目前集中体现在互联网渠道的运用所带来的民事纠纷。互联网渠道的运用使得法律责任界定更为困难。很多保险合同较为复杂，消费者通过互联网购买保险产品时，没有专业人员对这些大篇幅、难理解的保险条款进行详细解读。即使存在自动和实时客服，消费者也很难完全理解条款的确切含义。因此，容易发生不能反映消费者真实意愿的投保行为，导致后期互联网保险平台有可能因"当事人是否在理解合同内容的基础上接受合同条款"这一问题而陷入法律纠纷。

五、互联网保险机构运营风险

目前，部分保险企业成立了电子商务主管部门，制定了一系列管理制度，加强电子商务管理工作。但是，由于长期受传统保险业粗放型经营思想的影响，互联网保险企业往往都偏重业务发展的速度，轻视业务发展的效益；注重承保的规模，轻视承保的质量；注重对系统风险的承诺，轻视对系统风险的管理。这些情况造成了管理组织不完善、管理规范未建立、技术管理不到位、日常管理跟不上等问题，给互联网保险发展带来了较大的管理风险。这种风险在传统保险的互联网直销平台上表现得尤为明显。传统保险企业业务复杂，电子商务部门独立与其他部门，同时又与母公司合作并受母公司的制约，导致业务开展面临交叉、多重管理，降低了运营效率。

第三节 当前监管政策

一、监管政策梳理

2009 年开始，保监会已就保险公司通过互联网开展业务进行了相关的规范，其监管政策梳理如表 6－1 所示。

表 6－1 　　　　　　　　　　　互联网保险相关监管法规

发布机构	法规名称	发布时间
保监会	《保险公司信息化工作管理指引（试行）》	2009.12
保监会	《互联网保险业务监管规定（征求意见稿）》	2011.04
保监会	《关于提示互联网保险业务风险的公告》	2012.05
保监会	《加强网络保险监管工作方案》	2014.01
保监会	《关于规范人身保险公司经营互联网保险有关问题的通知》	2014.04
国务院	《国务院关于加快发展现代保险服务业的若干意见》	2014.08
保监会	《互联网保险业务监管暂行办法》	2015.07
保监会	《中国保险行业协会互联网保险业务信息披露管理细则》	2015.09
保监会	《互联网保险风险专项整治工作实施方案》	2016.10
保监会	《关于开展以网络互助计划形式非法从事保险业务专项整治工作的通知》	2016.12
保监会	《关于完善监管公开质询制度有关事项的通知》	2017.03
保监会	《中国保监会关于弥补监管短板构建严密有效保险监管体系的通知》	2017.05

二、政策要点及解读

早在 2012 年，中国保监会就已发布针对互联网保险的《关于提示互联网保险业务风险的公告》，公告中明确规定了有资格开展互联网保险业务的主体：除了保险公司、保险代理公司、保险经纪公司以外，其他单位和个人不得擅自开展互联网保险业务，包括在互联网站上比较和推荐保险产品、为保险合同订立提供其他中介服务等。

随着互联网保险行业的迅速增长，监管政策既有鼓励，也有管控。在2015年的《互联网保险业务监管暂行办法》中，保监会明确提出坚持"放开前端、管住后端"的监管思路，旨在助力互联网保险在法律框架内进行有益创新。总体来看，互联网保险的监管有以下两方面特征。

（一）整体上监管加强

2015年7月27日保监会公布的《互联网保险业务暂行管理办法》中，规定互联网保险公司的市场主体必须在境内注册，第三方网络平台具有互联网行业主管部门颁发的许可证或者在互联网行业主管部门完成网站备案。这为经营主体框定了范围，为事后的监管带来了便利。规定中增加了"保费收入专用账户包括保险机构依法在第三方支付平台开设的专用账户"，并规定了第三方支付平台在其中的责任。这对互联网保险公司保费的有效管理和流向形成了有力的监管。

高现金价值业务具有高返还型和保险期限短的特点，容易增加保险公司的流动性风险。2016年《互联网保险风险专项整治工作实施方案》将其作为整治重点，包括排查万能型人身保险产品相关风险，出台了有针对性的监管政策，并加大互联网高现金价值业务查处力度，对于存在违规问题的公司予以严肃查处。2016年12月，保监会发布《关于开展以网络互助计划形式非法从事保险业务专项整治工作的通知》，对诱导公众产生刚性兑付的平台进行专项整治。对市场上被演化、包装成理财产品的保险产品，因其违背了保险的保障本质，保监会对其经营与销售也进行了限制。

在 2017 年发布的《中国保监会关于进一步加强保险业风险防控工作的通知》中，保监会强调要对市场上的信用保证保险产品进行穿透式监管，并且严密防范互联网保险风险。其中第十六条规定："严控信用保证保险业务风险。保险公司要对信用保证保险开展穿透式排查，重点关注承保不能直接穿透底层风险的金融产品、各类收益权或债权转让质押变现、网贷平台融资等行为的信用保证保险业务，全面摸清风险底数，合理估算风险敞口。"第十七条规定："严防互联网保险风险。保险公司要高度重视互联网保险风险，认清其风险聚集和扩散的可能性。要防范互联网跨界业务风险，不得与不具备经营资质的第三方网络平台开展互联网保险业务。要严控与存在提供增信服务、设立资金池、非法集资等情形的网贷平台合作，避免风险向保险领域传递。要进一步完善风控手段，提高风险识别和监测水平，审慎开展网络借贷平台信用保证保险业务。"这些条例明显反映出保监会对市场上增信业务和信用保证保险所带来的担保性质风险的高度警惕性。比如，很多消费金融性质的网络借贷平台通过信用保证保险鼓励没有风险承受能力或者实际购买能力的消费群体进行消费。这种市场行为带来了极高的业务风险和社会风险，对行业的持续健康发展产生了不良影响。

（二）重点在信息披露

在《互联网保险业务管理暂行办法》中，保监会规定在保险产品的"销售页面"上，要充分列明提示或警示信息，防止销售时误导消费者，并对销售宣传的特定语句也作了相应的规定。比如，严禁片面使用"预期收益率"等描述产品利益的宣传语句。

2016 年的《互联网保险风险专项整治工作实施方案》针对互联网保险公司存在的夸大收益、误导消费者的行为，提出重点查处和纠正保险公司通过互联网销售保险产品时，进行不实描述、片面或夸大宣传过往业绩、违规承诺收益或者承担损失等误导性描述。该方案还要求保险公司严格按照有关规定披露产品信息，满足消费者的知情权。

2017 年 3 月 15 日保监会正式发布《关于完善监管公开质询制度有关事项的通知》，强化对保险公司质询回复信息披露方面的监管，对质询范围进一步细化。保监会强调，被质询人未按规定期限回复，或质询回复存在故意隐瞒或虚假信息等情况的，保监会将其纳入不良诚信记录，并依据《保险法》《保险公司股权管理办法》等有关规定进行处理。这项通知适用于传统保险与互联网保险行业中的所有企业。

第七章　互联网信托

第一节　概　　述

互联网信托是指将信托活动进行互联网化，即在网上运作信托业务，比如通过网络签订合同，查询信托信息、转让信托产品等。[①] 信托由于具有私募属性，与互联网的公开性存在天然的不一致，所以与其他互联网金融业态相比，互联网信托的发展相对滞后，至今并未出现相对成熟、大面积推开的业务模式。2014 年至 2015 年可以说是互联网与信托的"蜜月期"，在多个领域出现了不同形式的尝试与创新。2016 年以后，监管趋严，信托"触网"有进有退。目前主要有以下四种互联网信托模式：

一是互联网信托直销，即信托公司通过互联网，包括官网、iPad 客户端、手机 APP 和微信平台，销售信托产品。2007 年银监会出台的《信托公司集合资金信托计划管理办法》禁止信托公司通过非金融机构进行产品推介。2014 年 4 月银监会下发《关于信托公司风险监管的指导意见》（99 号文），重申禁止第三方理财机构直接或间接代理销售信托产品，之后信托

---

① 谭明月. 我国互联网信托发展现状分析［J］. 商场现代化，2014（20）.

公司纷纷建立自己的直销平台。在实务当中，信托产品的销售一般要求投资者面签，并提供身份证明。2015 年 12 月，中融信托开通了首个视频开户和视频面签系统，使得所有产品的销售都可以在线上完成，① 实现了真正的互联网直销。目前，包括中信信托在内的多家信托公司均能够提供网上视频签约。除了网上签约外，信托公司的直销平台还提供产品推介、账户管理等多层次的功能。

　　二是以中融信托和平安信托为代表，面向存量客户开展以信托受益权作为增信手段的线上融资。2015 年 6 月，中融信托旗下的互联网金融平台"中融金服"上线提供以信托产品做增信工具的融资服务，并与南京金融资产交易中心和广东金融高新区股权交易中心有限公司（粤股交）合作，投资者可在平台上认购股交所的理财计划。此后平台的运营出现亏损，2016 年 11 月 4 日全面停止理财产品转让交易，2017 年 4 月 1 日正式关停。2015 平安信托依托旗下互联网金融平台"平安财富宝"，也推出了类似的信托存量客户融资业务。截至 2017 年 5 月，该平台运营良好。

　　除了信托公司的信托产品外，实务中也有第三方理财平台推出类似的产品，如高搜易平台上的"信托宝"。高搜易平台隶属于深圳市高搜易信息技术有限公司，成立于 2013 年 11 月。平台上的"信托宝"产品在"产品介绍"中明确指出是"信托受益权质押"，其中有的产品门槛低至 10 元，期限有 3 天、30 天、91 天、182 天及 365 天。在资产端，"信托宝"在"产品介绍"中说明产品是通过与信托公司、资管公司、上市公司或地

① 谢平，吕雯，夏玉洁，杨鑫杰. 金融互联网化　新趋势与新案例［M］. 北京：中信出版社，2017.

方政府融资平台合作推出的（见图 7 - 1）。但在每一款产品的介绍中，并未具体透露该产品所针对的信托项目。

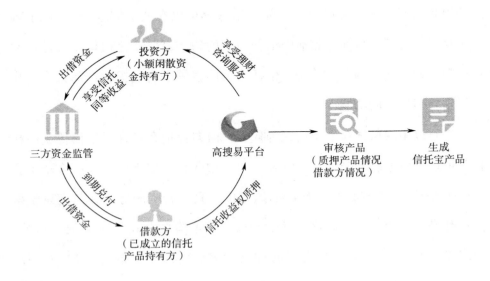

信息来源：高搜易官网。

图 7 - 1 "信托宝"产品示意图

三是互联网消费信托。互联网消费信托在 2014 年至 2015 年兴起，但目前并未发展成为较为成熟的模式。互联网消费信托以 2014 年 9 月中信信托和百度合作推出的"百发有戏"为起点，主要有两种形式：一是信托公司与互联网平台合作推出互联网消费信托产品。2016 年下半年中信信托与蚂蚁金服合作推出消费信托产品"乐买宝"，依托网购平台实现多商家对接。该产品 1000 元起购，最终认购额超过 1 亿元。截至 2017 年 5 月，该产品已下线。二是信托公司打造消费信托产品，借助互联网手段进行发售。比如，2014 年 12 月 18 日，中信信托正式推出消费信托产品"中信宝"，

覆盖养老、旅游、家电、酒店等多个领域。上线后，在中信信托微信号
"中信消费信托"上，以旅游、黄金消费等为主题的消费信托产品相继发
售。但截至 2017 年 5 月，其官网及微信公众号已不再有"中信宝"的相关
信息。2017 年 3 月，华融国际信托推出消费信托"融华精选"，初期主要
通过互联网渠道销售有机蔬菜、鸡蛋等生鲜产品，但其官网上并未披露相
关产品信息。消费者通过移动端操作，登录华融信托公众号，注册登记，
选择产品然后下单。

　　四是信托拆分。2014 年及 2015 年曾出现过多家涉足信托拆分的互联网
理财机构，多打着"信托团购"、"受益权拆分及转让"及"收益权拆分及
转让"等名义。信托团购明显与《信托公司集合资金信托计划管理办法》
规定的合格投资者 100 万元起点金额相悖，已被叫停，而"受益权拆分"
违反了 2014 年 99 号文的规定，也被叫停。涉足相关业务的互联网理财平
台梧桐理财已经转型，信托 100 则终止了原业务，并将原客户导向信托基
金（Fund of Trust，FOT）业务，重申 100 万元的合格投资者门槛，回到合
规路径。但行业内仍存在以"收益权拆分及转让"为名进行信托拆分或证
券化的理财平台，如多盈理财。

第二节　主要风险

互联网信托当前仍处于试水阶段，虽然业内在多个领域进行了创新及尝试，但至今尚未形成较为成熟的、持续时间较长的业务模式。本节分不同的业务模式，阐述互联网信托所面临的风险。

一、以信托受益权作为增信手段线上融资的风险

以信托受益权作为增信手段或信托受益权质押融资主要面临以下两方面的风险。

（一）信托受益权质押仍属法律空白

当前信托公司开展的面向存量信托投资者的线上融资业务，在宣传中说明是以信托受益权作为增信手段，未提及"信托受益权质押"，但在业务实质上应属于信托受益权质押，而信托受益权出质（把自己所有的物品或者权利交付出去作为抵押）在法律上较为模糊。这种创新业务模式间接实现了信托受益权小额化流通转让，监管层并未明确表态是否合乎《集合资金信托管理办法》关于合格投资者的规定，在实务中采取了默许的态度。但这种模式，对资金出借方存在法律风险。一是《物权法》没有明确规定信托受益权可以出质，其他法律、行政法规也未规定信托受益权可以出质。二是权利出质需要办理出质登记，质权自办理出质登记时设立，而

信托受益权尚无法办理出质登记。因此，信托受益权出质目前还存在法律障碍。① 对于投资人来说，在这样的法律空白面前，一旦出现纠纷，可能面临信托受益权质押无效等法律风险。

（二）合规风险

在合规方面，信托受益权质押融资平台需要避免触碰"资金池"红线。如果资金端的理财产品不能与资产端的信托产品一一对应，可能会面临期限错配、资金错配等违反"资金池"有关规定的合规风险。另外，按照穿透监管的原则，该业务也涉嫌违反集合信托关于投资者"100 万元投资门槛"、"自然人人数不超过 50 人"等规定。

二、互联网消费信托面临的风险

当前信托公司推出的互联网消费信托，在法律关系上可以看作嵌套了两种信托：一是消费权益信托；二是资金信托。以华融信托的"融华精选"为例，消费者以"月卡"、"季卡"或"半年卡"等预付款的方式支付货款，这些资金形成的资金沉淀，华融信托如果用于理财，且收益用于消费权益增益，则仍可归类于消费信托；如果是以现金的形式回馈消费者，则具有了资金信托的属性。有媒体报道，华融信托相关人士表示"对于消费信托账户余额部分，信托公司还可以受托进行低风险理财，让客户享受

① 谢平，吕雯，夏玉洁，杨鑫杰. 金融互联网化 新趋势与新案例［M］. 北京：中信出版社，2017.

'消费＋金融'的双重服务"，可见其兼具消费权益信托和资金信托的属性。

（一）消费权益信托的操作风险及声誉风险

关于消费权益信托，在业务类别上属于事务管理类信托。目前对事务管理类信托，并没有在监管文件中给出权威的界定。中国信托业协会曾在信托培训中将事务管理类信托定义为：委托人交付资金或财产给信托公司，指令信托公司为完成信托目的，从事事务管理的信托业务。这类信托业务由委托人驱动，信托公司一般不对信托财产进行主动的管理运用。可见，消费权益信托可以归类为事务管理类信托，不受《信托公司集合资金信托计划管理办法》的约束，在合规方面的风险相对较小，其风险主要来自于业务及操作层面。

互联网消费信托是连接消费与产业的创新与尝试，对于信托公司来说，与具有私募属性、面向高净值客户的传统信托业务截然不同，互联网消费信托面向众多消费者，具有小额、分散的特点，是一个全新的业务领域，给信托公司的运营、IT 系统、账户管理系统、资金清算系统及管理等各个方面均带来挑战。如果不能适应新业务的特点，信托公司将面临操作风险。

传统信托业务除了通道业务外，信托公司往往对所投资的项目设计了多种风控手段，享有一定的主动权；而在互联网消费信托中，作为供应方的产业端却是信托公司所不能把控的，一旦产品或服务出现质量问题，将给信托公司的声誉带来风险。

（二）资金信托的合规风险

在互联网消费信托中，对消费者预付款进行投资理财等运用，如以现金形式将收益回馈给消费者，则属于资金信托的范畴。以华融信托为例，其并未在公众号上披露"融华精选"具体的交易结构，资金信托关系的委托人如果是服务商，则为单一资金信托；而如果是消费者或者供货商，存在两个以上委托人，根据《信托公司集合资金信托计划管理办法》则属于监管较为严格的集合信托，在银监会报告制度、赔偿准备金制度等诸多方面均可能面临合规风险。

另外在资金运用上，由于消费者预付款多为短期，与集合信托至少为一年期限的要求不一致，而如果资金运用的期限较长，与预付款的短期性质相矛盾，也可能触犯三令五申的"资金池"禁令。客观上，关于互联网消费信托中的资金信托，需要在交易结构设计上回避集合信托的形式，否则将面临较为复杂的合规风险。

三、信托拆分所面临的风险

信托拆分是最受争议的互联网信托模式。虽然不同形式的信托拆分曾在 2014 年和 2015 年被叫停，多家涉足信托拆分的互联网理财平台进行了业务转型。但仍有互联网理财平台以"信托收益权"拆分及转让的名义开展业务。该业务面临的主要风险是合规风险，即违反《信托公司集合资金信托计划管理办法》中信托受益权不得向自然人转让或拆分转让的风险。同时，该业务也涉嫌违反集资购买信托产品的有关规定。根据 2014 年 4 月银监会下发的《关于信托公司风险监管的指导意见》（99 号文），投资人不得违规汇集他人资金购买信托产品，违规者要承担相应责任和法律后果。最后，该业务还存在非法集资的风险，《最高人民法院关于审理非法集资刑事案件具体应用法律若干问题的解释》规定，非法集资同时具备 4 个特征要件：

（1）未经有关部门依法批准或者借用合法经营的形式吸收资金；

（2）通过媒体、推介会、传单、手机短信等途径向社会公开宣传；

（3）承诺在一定期限内以货币、实物、股权等方式还本付息或者给付回报；

（4）向社会公众即社会不特定对象吸收资金。

在以往的互联网信托创新中，信托合买、信托受益权拆分转让及某些将商品交易与金融交易合二为一的消费信托都存在涉嫌非法集资的合规风险。[1]

案例 7 - 1　多盈理财[2][3]

多盈理财是团盈（上海）网络科技有限公司旗下的理财比价搜索引擎平台，成立于 2015 年 8 月。截至 2017 年 5 月，从官网上看，产品包括"余额存"、"信托理财通"、"银行理财通"、"高端理财"和"企业理

---

①　中国互联网金融安全课题组. 中国互联网金融安全发展报告 2016［M］. 北京：中国金融出版社，2017.

②　多盈理财官网。

③　汪青，何莎莎. 多盈理财被指打擦边球　回应称模式未违规违法［N］. 中国经营报，2016 - 05 - 31.

财"五种产品，其中"高端理财"包括信托、资管和阳光私募三种产品。其旗下的"银行理财通""信托理财通"都备受争议，下面主要介绍"信托理财通"及其法律风险。

在多盈理财官网上，"信托理财通"产品以 1 元、100 元、1000 元、10000 元不等的投资起点售卖基础资产为信托的理财产品，项目回款来源为固定收益类集合信托产品。从多盈理财官网上看，"信托理财通"下面的每款产品均披露了对应的具体信托项目信息。截至 2017 年 4 月，这些产品依旧在售。根据现有信托相关的监管法规，该产品在合规方面主要是涉嫌违反《信托公司集合资金信托计划管理办法》中关于信托拆分的有关规定。

多盈理财的"信托理财通"虽然已经上线并持续发售不同的产品，但在业界仍存在着对其合规性的质疑。多盈理财认为，该产品合法，因为其拆分的是信托收益权，而非信托受益权。而在法律上，信托受益权是包括了收益权等财产权利在内的综合权利。所以多盈理财的业务在合规性上仍显模糊。

第三节　当前监管政策

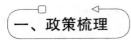

一、政策梳理

由于互联网信托发展相对滞后，在监管上尚未出台具有针对性的监管文件。与当前的互联网信托实务关联性较强的监管文件主要有以下几个（见表7－1）。

表7－1　　　　　　　互联网信托相关监管法律法规

发布机构	法律法规名称	发布时间
全国人大常委会	《中华人民共和国信托法》	2001. 04
银监会	《信托公司集合资金信托计划管理办法》（2009 年修订）	2008. 12
银监会办公厅	《关于信托公司风险监管的指导意见》（99 号文）	2014. 07
银监会办公厅	《关于进一步加强信托公司风险监管工作的意见》	2016. 03
国务院	《互联网金融风险专项整治工作实施方案》	2016. 10

二、政策要点及解读

对于互联网消费信托等创新业务尚未出台相应的监管规则。在现有监管政策中，对互联网信托影响较大的政策主要是关于信托拆分的规定，以及禁止第三方非金融机构代销信托产品的规定。

（一）禁止信托拆分的相关规定

在现有监管政策中，与信托拆分相关的规定主要包括：

1. 集合信托的合格投资者认定。《信托公司集合资金信托计划管理办法》对合格投资者的认定条件之一为：投资于一个信托计划的最低金额不少于100万元的自然人、法人或者依法成立的其他组织。

2. 禁止违规集资购买信托产品。根据2014年4月银监会下发的《关于信托公司风险监管的指导意见》（99号文），投资人不得违规汇集他人资金购买信托产品，违规者要承担相应责任和法律后果，并在产品营销时向投资人充分揭示风险，不得存在虚假披露、误导性销售等行为。

3. 禁止向自然人拆分转让信托受益权。根据2007年1月证监会发布的《信托公司集合资金信托计划管理办法》，在信托计划存续期间，虽然受益人可以向合格投资者转让其持有的信托单位，但信托受益权进行拆分转让的，受让人不得为自然人，且机构所持有的信托受益权不得向自然人转让或拆分转让。

（二）禁止第三方理财机构直接或间接代理销售信托产品

2007年银监会出台的《信托公司集合资金信托计划管理办法》禁止信托公司通过非金融机构进行产品推介。在信托业快速发展的同时，风险也开始显现，而一些第三方理财机构出于赚取中间费的目的，在宣传推介中强调刚性兑付及收益，弱化风险揭示，在此背景下，2014年银监会发布

《关于信托公司风险监管的指导意见》（99号文），重申禁止第三方理财机构直接或间接代理销售信托产品；严格执行《信托公司集合资金信托计划管理办法》，防止第三方非金融机构销售风险向信托公司传递。发现违规推介的，监管部门要暂停其相关业务，对其高管严格问责。

三、当前政策对行业的影响

关于合格投资者及信托拆分的禁止性规定，限制了互联网理财平台开展相关业务。2014年及2015年出现以各种名义开展信托拆分的互联网平台，在2016年以来的监管环境下，这些平台纷纷转型，如梧桐理财和信托100等。而当前实务当中仍有互联网理财平台，如前面提到的多盈理财，所开展的信托拆分业务，是以"信托收益权拆分及转让"的名义，虽然监管层并未叫停，但处于法律上的模糊地带，仍存在合规风险。

案例7-2　信托100[1][2]

信托100系列产品最早于2014年4月发布，由财商通（北京）有限公司（以下简称财商通）投资运营。根据其官网的介绍，信托100是专注于信托行业的创新型互联网理财平台，为投资者提供信托搜索、比价、购买、转让一站式服务，为信托从业者提供行业交流、信息发布、客户拓展等展业服务，为信托公司定制开发创新金融产品。信托100当时的宣传口号是"100起投，信托业余额宝"，上线后提供的产品包括"如意存"、"随心

---

[1]　信托100官网。
[2]　陈颖. 100元信托？是确有其事还是非法集资［N］. 南方都市报，2014-04-09.

转"及"展业通"三种。其中"如意存"提供理财计划认购服务，门槛为100元。这款产品有信托"团购"的性质。投资者注册登录后选择投资产品，并与财商通签署产品委托认购协议，信托收益权属于投资者。资金募集完成后，由财商通与信托公司签署合同，并持有投资者的信托受益权。而通过"随心转"，投资者可以投资或转让已投资的信托资产份额或收益权。① 第三款产品"展业通"提供信托产品的推介和预约购买服务。2016年5月，信托100又推出了一款通过介绍好友进行投资而提高客户自身所投资理财产品收益率的"微理财"产品。

信托100系列产品在推出后引起了业内广泛的关于其合规性的质疑：涉嫌违反了现行监管文件中关于信托合格投资者100万元投资门槛的规定，集合信托计划自然人投资者不得超过50人的规定，以及关于信托受益权拆分及转让的规定，公开汇集客户资金代为购买信托产品也有非法集资之嫌，另外其不具有资产管理资质而接受委托购买信托产品也属违规。在其上线后不久，收到了来自中国信托业协会的声明称："信托100"网站违反了《中华人民共和国信托法》《信托公司集合资金信托计划管理办法》。

2016年，互联网金融监管趋严。在监管压力下，信托100于2016年全面转型信托投资母基金（FOT）业务，重申100万元门槛，回到合规路径。2016年10月，其发布《信托100关于终止"百元信托"，专注管理信托投资母基金的公告》，宣布从2016年10月20日15时起，终止旗下的"百元信托"业务，并对客户的现有投资进行提前清盘。原有客户如果转投FOT，

---

① 叶文辉．互联网金融理财业务风险的监管与防范——以"信托100"百元团购信托产品为例[J]．银行业经营管理，2014（9）．

需满足 100 万元的投资门槛。

信托 100 在投资公告中称"三年砥砺前行，一朝回到原点，我们学会了对金融的敬畏"，表达了对于越过监管边界进行创新并遭遇失败的无奈。可见如何在兼顾合规与市场需求中找到创新的定位，也是众多互联网金融实践者们需要思考并面对的课题。

第四节　问题与建议

一、当前监管政策存在的问题

一是对于业内已经尝试多年的消费信托，在监管上仍处于空白地带。消费信托与传统信托私募、高端及资金额较大等业务特点截然不同，消费信托面向广大消费者，具有客户众多、小额分散等特点；而业务属性、所涉及的主体及法律关系也不同。缺少相应的监管规则对业务进行界定并明确各方权责，使得市场主体在创新中处于模糊地带，一旦涉嫌违规被叫停，则需要付出较高的试错成本。

二是对于业内存在争议的"收益权拆分及转让"，当前的监管文件并未涉及，监管层也未给出明确的监管意见，仍处于模糊地带。而从资金流向、参与主体及业务逻辑等各方面看，该业务与曾被叫停的信托受益权拆分及转让并无实质区别，客观上需要在监管上明确业务的合规性，以鼓励公平竞争，维护行业秩序。

二、未来监管政策建议

（一）尽快研究制定消费信托监管政策

消费信托的创新在实务中已经尝试多年，传统的监管规则在诸多方面并不适用这种新的业务模式。客观上需要建立具有针对性的监管体系，如建立预收款信托制度，制定产品交易结构的设计规则，以区别于非法集资，明确交易各方责权利，制定账户管理、资金托管及清收结算等各方面的具体规则，以保护投资者利益，并使业务创新有法可依。

（二）对"信托收益权拆分及转让"的合规性进行界定

现行的监管体系已经对信托受益权的拆分及转让作出了具体规定，而"信托收益权的拆分及转让"仍处于模糊地带。实务当中的信托收益权拆分及转让业务，如前述多盈理财的产品，在资金流向及交易结构上与此前被叫停的信托受益权拆分及转让在本质上并无区别。客观上需要监管层对其合规性作出清晰的界定，以鼓励公平竞争，维护行业秩序。

（三）完善信托流转的配套制度

缺少流动性一直以来是信托产品的软肋。目前通过质押实现信托流转，需要填补信托收益权质押的法律空白，明确信托受益权作为质押物的合法性，这超过了金融监管的范畴，属于基本法《物权法》的范畴，需要在立法上给予支持。此外，信托受益权的转让流通，需要尽快建立信托登记制度、信托评级制度、统一的流通市场等配套"基础设施"。

2016 年 12 月 26 日，中国信托登记有限责任公司（中信登）在上海正式挂牌成立。2017 年 2 月，中信登起草了《信托登记管理办法（征求意见稿）》并向各家信托机构征求意见。2017 年 5 月，中信登将《信托登记管理办法暂行细则》发送至 68 家公司征求意见，并要求各家公司在 6 月 2 日前发回反馈信息。这标志着我国信托登记制度正在建立，信托流转的基础设施开始完善，未来有望建立更为统一的信托流通市场或平台。

第八章　互联网消费金融

第一节　概　　述

我国在亚洲金融危机之中正式提出发展消费金融，中国人民银行在1998 年和1999 年相继放开了个人住房贷款和汽车消费贷款的政策，以促进以商业银行为主导的金融机构开展消费金融业务。互联网的发展为消费金融的发展注入了新的活力。

互联网消费金融是指通过互联网来向个人或家庭提供与消费相关的支付、储蓄、理财、信贷以及风险管理等金融活动。互联网消费金融单笔贷款金额不高，大部分都不高于 5 万元，贷款期限短，大部分消费金融产品都没有要求贷款者提供抵押、担保。互联网消费金融的参与主体日渐丰富，主要涵盖四类：一是电子商务生态企业，包括电子商务公司以及支付公司，比如阿里巴巴、京东；二是商业银行搭建线上消费金融交易平台，比较典型的是北银消费和中银消费；三是 P2P 平台参与互联网消费金融业务，以拍拍贷和惠人贷为代表；四是互联网消费金融公司，马上消费金融公司就是其中之一。

互联网消费金融一般会将主要目标客户群体定位为那些个人信用信息

没有被纳入央行征信系统的人群。据统计，这类人群占比为72%[①]。按照传统金融机构的信用评分标准，这类人群一般信用水平不高，信用数据获取也困难，因此很难从传统金融机构得到贷款或者得到足够的贷款。互联网消费金融满足了这些长期被传统金融机构忽视的金融需求，体现了其普惠金融的作用。互联网消费金融发展前景十分广阔，然而行业快速发展也暴露出了一定问题。互联网消费金融行业乱象丛生，行业负面新闻频频曝光。互联网消费金融的稳健发展，离不开行之有效的监管手段。

---

① 易观智库. 2016 年中国个人征信市场专题研究报告［R］. 北京，2016 – 08 – 02.

第二节　主要风险

一、基于电子商务平台交易的互联网消费金融及其风险

（一）电子商务平台运行模式的基本介绍

基于电子商务交易平台的互联网消费金融的运行模式，是电商企业分析消费者的交易数据，对消费者进行信用评级，并根据消费者的信用风险和还款能力，对不同消费者提供不同的信用额度。消费者可以在规定的信用额度内在该电商平台进行消费，由电商平台自有的资金、合作的小额贷款公司或者通过合作的银行等第三方进行资金垫付。消费者在规定期限内还款，电商平台收取一定比例的服务费。这种电子商务平台交易模式使得电商平台、消费者、资金供给方三者形成良好的循环体系（见图8－1）。

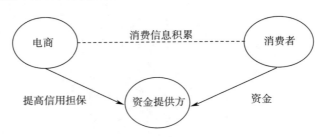

图8－1　电子商务平台互联网消费金融模式

在电商互联网消费金融的模式下，电商交易平台是核心参与方。电商

平台通过商品渠道、支付渠道等方式获取消费者在商品交易、资金等方面的信息，了解消费者的消费偏好、消费需求、消费习惯等，这对降低信息不对称、降低交易风险都有积极的作用。这种模式与其他消费金融模式相比，数据的可得性、全面性、真实性更好，并且将消费需求与资金供给联系在一起，形成天然的消费场景，有利于提高平台销售额，降低坏账风险。

目前基于电子商务平台交易的互联网消费金融的运作模式在国外已经有比较成功的案例。例如韩国乐天成立的乐天信用卡公司，1979 年从乐天百货内部贷款卡起步，2002 年收购了东洋信用卡后发展成专业信用卡公司，业务包括信用卡、小额贷款、集团关联企业通用积分、邮购等多项业务。从 2014 年起，国内各大电商开始陆续涉足消费金融。2014 年 2 月，京东推出"白条"消费信贷产品。同年 7 月，阿里推出天猫"分期付款"信贷服务。同年 12 月，蚂蚁金服又在更大范围内推出"蚂蚁花呗"。亚马逊中国也通过与招商银行合作，推出分期付款业务。随着互联网金融的进一步发展，各大互联网巨头未来几年有望迎来电商生态金融的爆发期。

（二）电子商务平台运行模式的风险

现阶段电子商务平台的消费金融发展较为成熟，但电子商务消费金融的借款无抵押无担保，因此，其面临的风险不容忽视。电商互联网消费金融的风险主要体现在以下几个方面：

1. 过度授信风险。互联网消费金融发展初期，各类平台数量增速迅猛，但可授信客户仍是稀缺资源。消费金融类企业存在严重的客群扎堆现象，局部的过度授信风险加大。以大学生分期产品为例，同一借款人，可能同时在多家平台上有额度，分期付款延缓了借款人即期还款压力，但可能诱使其过度借款进而产生过度消费。由于大学生缺乏固定收入，一旦出现还款困难，借款人可能会求助于利率更高的现金借款，拆东墙补西墙以实现还款目的，结果雪球越滚越大。当前，消费金融类企业之间信息共享并不可行，这就使得过度授信成了消费金融类企业持续面临的重要风险点。

2. 产品风险。产品风险是指产品由于设计、功能质量、入市时机选择以及定位等方面的原因，导致无法满足市场需求的风险。中国消费金融发展起步较晚。目前，我国银行发放的贷款中，仅有一小部分是发放给个人用于消费的，而在这部分消费贷款中，又有 80% 左右是住房贷款。此外，中国人的消费观念比较传统，借钱消费的观念比较薄弱。中国住房保障和医疗保障制度的不完善也使得中国人更倾向于储蓄。而互联网金融机构的资金借贷成本不一定比银行低，也存在手续费和违约金，对潜在用户并不是十分有吸引力。这些都可能导致产品风险。

3. 信用风险。电商消费金融提供的消费金融产品是无抵押和无担保的，虽然目前用户量有限，违规风险相对较低，但是随着用户覆盖率的提高，信用风险必然会随之上升。此外，用户群体规模较大，地理位置又比较分散，个体借贷金额不高，个人信息准确性低，导致风险控制难度较大。

二、P2P 网络借贷平台参与消费金融运行模式及其风险

（一）P2P 网贷平台提供消费金融服务模式的基本介绍

在个人和小微企业信贷市场中，资金供给和需求都很分散，面临匹配

难题和交易成本的约束，因此，依靠互联网将资金需求者与资金供给者进行对接，P2P 网络借贷平台应运而生。P2P 网络借贷平台提供消费金融服务的模式，是 P2P 网络借贷平台给拥有闲置资金的投资人与有资金需求的个人提供一个对接平台，贷款协议达成后，P2P 网络借贷平台从中收取服务费等费用。与其他模式相比，P2P 网络借贷平台具有用户自主性较强、资金配置效率较高的特点，但风险也较大。按照借款人性质的不同，既有针对小微企业的贷款，也有满足个人消费需求的贷款，比如对购买大型商品、装修支出、医疗美容、教育培训等的消费贷款。尽管 P2P 网络借贷平台的发展存在很多问题，但其相对其他互联网金融业态具有渗透率高、资金配置效率高、门槛低的优势，使得其成为互联网消费金融发展的一个重要方式。

（二）P2P 网络借贷平台提供消费金融服务面临的风险

1. 信用风险。信用风险是指借款人无法履行还本付息义务的风险。借款者在申请借款时，需要提供个人信息和借款信息。有的 P2P 网络借贷平台会对借款者的信息进行事前审核，审核通过后再将借款者的信息发布在平台上，但是也有的平台存在对借款者信息审核不足的情况。没有审核过程的平台缺少风险的事前把控，借贷双方之间的信息不对称很可能导致出现借款者谎报信息，增加发生信用风险的可能性。

2. 网络安全风险。P2P 网络借贷平台从事互联网消费金融业务的风险主要表现为网络技术风险和信息安全风险。平台网站遭受非法入侵可能会导致用户个人信息的泄露，甚至会对资金的安全性造成一定的威胁。P2P

网络借贷的发展离不开先进的信息整合技术和数据挖掘技术。如本书第四章中对于 P2P 网络借贷平台风险的分析中所述，P2P 网络借贷平台的交易双方要在网上提交个人信息，拥有个人账户，并且记录交易信息，一旦受到钓鱼网站或者黑客的入侵，就会造成数据的泄露，对用户的利益造成威胁。

3. 信息泄露风险。一方面，部分消费金融公司受利益驱使，可能未经用户允许擅自利用用户信息从事营利活动。另一方面，消费者的个人信息都是依靠互联网进行传输、进行相关操作。信息加密技术一旦被破解，或者黑客入侵、钓鱼，消费者的资料、信息就会被泄露出去，消费者隐私得不到保障，将会大大降低其对平台的信任度。平台运营的安全性面临威胁，竞争力下降，甚至可能发展为行业丑闻，影响行业的健康发展。

4. 合规风险。2016 年 8 月 24 日，《网络借贷信息中介机构业务活动管理暂行办法》（以下简称《办法》）正式出台，其中颇受热议的是借款金额限制、银行资金存管、电信经营许可证以及"十三条红线"。P2P 网络借贷平台自身的合规风险在此不做赘述，请参阅本书第三章。

三、互联网消费金融公司模式及其风险

（一）互联网消费金融公司运行模式的基本介绍

消费金融公司不吸收公众存款，以小额、分散为原则，通过自有资金为用户提供消费贷款。我国从 2009 年开始启动消费金融试点，首批 4 家消

费金融公司于 2010 年获批成立。这些公司普遍依附于银行，导致现有产品与银行产品类似，缺乏市场竞争力。截至 2016 年年底，已有 17 家消费金融公司获得消费金融牌照，其中由银行主导的消费金融公司 12 家，银行参股 2 家。非银行系的消费金融公司有 3 家，分别是捷信消费金融、海尔消费金融以及华融消费金融。

据可查数据，2016 年商业银行境内贷款规模是 81.82 万亿元[①]，我国金融机构住户部门的短期消费贷款余额达到 5.3 万亿元，再加上非金融机构消费金融平台的贷款，当前消费金融市场规模（不含房贷）估计在 6 万亿元[②]，消费信贷仅占银行境内贷款规模的 7.33% 左右。美国消费信贷规模占银行信贷资产的比重在 60% 左右。相比而言，我国在消费金融市场上具有可观的潜力。

2015 年 1 月 7 日，由重庆百货主导，阳光财产保险、重庆银行等五家公司共同发起设立了国内首家互联网消费金融公司——马上消费金融股份有限公司，推出消费信贷产品——"马上贷"。"马上贷"平台的客户可以通过 APP 随时随地申请贷款，不用抵押且无担保，最快三分钟可以完成审批。马上消费金融公司与传统消费金融最主要的区别在于利用了互联网平台的优势，在了解客户需求后，线下挖掘客户，线上进行互联网推广，打造"线下实体消费＋线上互联网"的运行模式。

---

① 资料来源：2016 年商业银行主要监管指标情况表，http://www.cbrc.gov.cn/chinese/home/docView/A676043248BD4BEC896B4DDDFFCDF6D7.html.

② 国家金融与发展实验室.中国消费金融创新报告［R］.北京，2017－05.

（二）互联网消费金融公司运行模式承担的风险

1. 部门间业务分散，营运效率低下。银行通过搭建线上平台的方式参与消费金融业务，由于其业务分散，可能会导致资源浪费、效率低下的情况发生。银行搭建线上平台与基于电商平台参与消费金融的模式相比，虽然有声誉、资金、政府支持等多方面的优势，但是银行多年发展造成业务比较分散，各部门之间相互牵制，各自为营，产品分散，营销资源分散。各部门针对各自不同的产品开展不同的促销活动，利用不同的渠道进行宣传，客户信息数据分散，没有进行有效的整合，对客户行为分析能力较差。与基于电商平台开展消费金融业务的模式相比，银行的数据过于分散和冗杂，管理和营销模式较为粗放，营运效率低下。

2. 系统建设滞后，阻碍进一步发展。消费金融的开展要依托于完善的信用评级体系、强大的大数据分析能力以及完善的后台系统的支持，以综合分析消费者的交易行为、融资需求和信贷风险。但是目前国内银行的基础数据库分散、技术开发不成熟等问题，成为银行进一步发展消费金融业务的重要障碍。

3. 产品开发同质化。目前我国商业银行消费贷款主要集中在住房按揭贷款和汽车贷款等方面，而类似旅游、教育、家电和家具购买等垂直场景的短期消费贷款领域缺乏开发。我国商业银行对消费金融服务的潜在客户群也较为局限。比如，大学生、农村等特殊群体或地域对消费贷款的需求日益增长，而商业银行针对这些特殊领域的消费金融产品与服务开发尚且处于短板甚至空白阶段。产品开发同质化使得银行系消费金融平台缺乏竞争力，无法满足多样化消费需求。

4. 产品风险。产品风险是指产品在市场上处于不适销对路时的状态。目前，消费金融贷款已经涉及教育、旅游、租房、装修、耐用品消费等多个领域，产品种类繁多。电商、传统商业银行、P2P 网络借贷平台陆续进军消费金融市场。互联网消费金融公司要想在消费金融中获得一席之地就必须运用其自身的优势，投入资金进行产品设计，研发出更贴近消费者需求的消费信贷产品，提高产品的不可替代性。同时，灵活设计产品定价机制，不仅有利于降低信贷风险、扩大业务规模，更能增强盈利能力。

案例 8 - 1　马上消费金融股份有限公司违反
《征信业管理条例》 被罚 39 万元①

马上消费金融股份有限公司成立于 2015 年 6 月 15 日，注册资本 13 亿元，是由中国银监会批准设立的持有消费金融牌照的全国性金融机构。

2017 年 3 月 27 日，中国人民银行重庆营业管理部发布渝银罚〔2017〕1 号行政处罚决定书，马上消费金融股份有限公司违反《征信业管理条例》第四十条规定和第四十一条规定以及《个人信用信息基础数据库管理暂行办法》第三十九条规定，中国人民银行重庆营业管理部依法对该公司罚款39 万元。作出行政处罚决定日期为 2017 年 3 月 17 日。

《征信业管理条例》 第四十条涉及的违规行为包括：违法提供或出售信息；因过失泄露信息；未经同意查询个人信息或者企业的信贷信息；未

---

① 零壹财经．马上消费金融因违反规定遭央行罚款 39 万元 ［EB/OL］．2017 - 03 - 27. http：//www. 01caijing. com/article/14353. htm.

按照规定处理异议或者对确有错误、遗漏的信息不予更正；拒绝、阻碍国务院征信业监督管理部门或者其派出机构检查、调查或者不如实提供有关文件、资料。第四十一条涉及的违规行为包括：向征信机构、金融信用信息基础数据库提供非依法公开的个人不良信息，未事先告知信息主体本人。

马上消费金融股份有限公司相关负责人未对此事作出回应，但从上述条款中可以看出，马上消费金融股份有限公司或因个人信息数据安全问题遭到处罚。可见，监管机构已开始整治消费金融领域的征信乱象。

第三节　当前监管政策

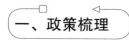
一、政策梳理

2015 年 7 月，中国人民银行等十部委发布《关于促进互联网金融健康发展的指导意见》，互联网消费金融作为互联网金融的业态之一首次出现在官方文件中。截至 2017 年 7 月，与当前的互联网消费金融实务关联性较强的监管文件如表 8-1 所示。

表 8-1　　　　　　　　互联网消费金融相关监管法规

发布机构	法规名称	发布时间
中国人民银行	《个人信用信息基础数据库管理暂行办法》	2005.08
国务院	《征信业管理条例》	2013.01
银监会	《消费金融公司试点管理办法》	2013.11
国务院	《互联网金融风险专项整治工作实施方案》	2016.10
银监会、教育部	《关于加强校园不良网络借贷风险防范和教育引导工作的通知》	2016.04
银监会、教育部、人社部	《关于进一步加强校园贷规范管理工作的通知》	2017.06
中国人民银行等多部委	《关于进一步做好互联网金融风险专项整治清理整顿工作的通知》	2017.06
银监会	《关于就联合贷款模式征求意见的通知》	2017.08

发展消费金融对于扩大内需、促进消费、促进经济结构合理化发展具有重要意义。在 2017 年"两会"期间，政府工作报告提出"要在全国开展消费金融公司试点，鼓励金融机构创新消费信贷产品"，消费金融成为

热点词汇。2016 年 3 月中国人民银行、银监会联合印发《关于加大对新消费领域金融支持的指导意见》，政策利好成为推动行业发展的重要力量。2016 年 4 月，国家发展改革委《关于促进消费带动转型升级的行动方案》正式发布，主要围绕包括住房、汽车、旅游等在内的十大方向共 38 个小项，促进居民消费的扩大和升级。

二、政策梳理

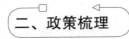

（一）整治校园贷

2016 年 4 月，教育部与银监会联合发布了《关于加强校园不良网络借贷风险防范和教育引导工作的通知》，明确要求各高校建立校园不良网络借贷日常监测机制和实时预警机制，同时建立校园不良网络借贷应对处置机制，教育和引导学生树立正确的消费观念。2016 年 8 月 24 日，银监会也明确提出用"停、移、整、教、引"五字方针，整改校园贷问题。2017 年 6 月，中国银监会、教育部和人社部下发《关于进一步加强校园贷规范管理工作的通知》，要求未经银行业监督管理部门批准设立的机构禁止提供校园贷服务，且现阶段一律暂停网贷机构开展校园业务。

（二）征求联合贷款模式的相关意见

2017 年 8 月 2 日，银监会下发的《关于就联合贷款模式征求意见的通知》的部分内容流出。通知称，中国银监会希望探究互联网贷款管理模式和风控举措，按照城市银行部相关通知要求，拟征求联合贷款模式的相关意见。

联合贷款是指贷款人与合作机构基于共同的贷款条件和统一的借款合同，按约定比例出资，联合向符合条件的借款人发放的互联网贷款①。联合贷款主要分为以下环节：一是由银行和合作机构通过书面协议，确定双方出资比例、合作规模、合作期限等；二是合作机构在银行开立备付金账户，并存入充足资金作为贷款发放头寸；三是双方共同确定客户筛选标准，并筛选出联合贷款目标客户并进行联合授信；四是通过授信审批的客户通过互联网渠道自助发起借款申请，系统后台进行欺诈判断后，在极短时间内发放贷款；五是银行与合作机构每日对账，确保账实相符。

《关于就联合贷款模式征求意见的通知》对联合贷款涉及的合作机构定义与准入标准、合作协议规范、系统和数据安全、联合贷款业务条件、联合贷款合作机构资质、联合贷款风险分担原则、防范联合贷款集中、其他合作机构风险控制等作出了规定与要求。《关于就联合贷款模式征求意见的通知》有望防止高利率覆盖高风险的现金贷业务模式出现，确保资金方的安全以防范系统性风险。

---

① 互联网贷款，是指借款人通过互联网渠道自助提交借款申请，贷款人运用互联网技术和移动通信技术，通过大数据信息和风险模型，全流程线上为符合条件的借款人提供的，用于其消费、日常生产经营周转的本外币贷款。

第四节　监管政策建议

一、建立信息共享机制

　　建立统一的信息登记、公开系统，对互联网消费金融机构和消费者双方的交易记录都进行登记。一方面，可以避免多头借贷、身份欺诈的情况，解决互联网消费金融乃至互联网金融机构之间信息不共享导致的信息孤岛问题。另一方面，便于监管，降低信息不对称程度，使监管机构掌握互联网消费金融机构经营情况。

二、强制签订标准化合同

　　标准化合同是指合同的样式、内容条款等具体规定是标准化的合同。互联网消费金融借款合同可以参照已经广泛使用的信用卡合同或银行信贷合同，并对重要风险提示采用字体放大加粗等方式醒目标出，同时合同编号与合同内容一一对应，可以备案随时待查。签订标准化合同不仅能够保证消费者不受恶意推销人员的蛊惑，更能使消费者明悉利率、手续费率等，避免消费者由于金融法律知识缺乏或投机心理被利用，造成并非主观故意的违约情况。标准化合同应注明年利率而不是日利率，以免给消费者造成利率认知偏差；合同中应注明逾期还款的利率、逾期催收手段以及会给消费者带来的不良影响。

三、差异化市场监管

目前，我国消费金融机构多元化趋势比较明显，电商平台、商业银行、P2P 网络借贷平台、消费金融公司等纷纷参与消费金融业务。消费金融公司、电商平台等发放的消费贷款大部分是无抵押、无担保的信用贷款，而且其经营风险较高。因此，应该对消费金融服务的提供者实行差异化监管。对经营范围、经营模式不同的金融机构应该有针对性地建立不同的监管标准，对消费金融市场的准入、业务范围、风险管理等方面作出明确的规定，通过差异化监管政策的制定和实施促进消费金融市场健康、平稳地发展。

研究适合互联网消费金融从业主体的评级指标体系，按平台分类对从业主体开展监管评级，并按年调整评级结果。对符合发展方向、创新动力强劲、业务发展稳健合规的从业主体给予更宽松的政策支持。

第九章　监管科技

第一节　监管科技的概念和起源

伴随金融业的发展，越来越多的新科技开始应用于金融业，给金融业带来了前所未有的变化。面对新形势，传统金融监管能力显得捉襟见肘，需要根据金融科技的变化作出合理应对。为适应金融业的新变化，监管部门开始尝试使用"新科技"提升监管能力，即"监管科技"。

一、监管科技的概念

监管科技（Regulatory Technology，RegTech）是"监管"（Regulation）和"科技"（Technology）的合成词。顾名思义，监管科技主要是通过使用新技术提出更好的解决方案，来帮助金融机构和监管部门更有效地解决合规和监管问题。国际上对监管科技的研究处于起步阶段，尚未有统一的定义。

不少机构和学者从不同角度出发，对监管科技给出了不同的定义。国际金融协会（Institute of International Finance，IIF）将监管科技定义为"能够高效且有效地解决监管和合规性要求的新技术"。英国金融行为监管局

（The Financial Conduct Authority，FCA）将其描述为"运用新技术，促进金融机构更有效地达到监管要求"。西班牙对外银行（Banco Bilbao Vizcaya Argentaria，BBAV）认为，"被监管机构通过运用大数据、云计算和区块链等新技术来帮助机构的所有活动都满足监管合规的要求。在金融领域，普遍认为监管科技是金融科技的一个子集"。纽约 Reed Smith 律师事务所的相关专家认为"监管科技是通过先进的技术帮助监管部门关注合规和开展相关监管活动，使得监管机构能够更容易、快速、全面和有效地进行合规监管和履行监管职责"。

通过上述观点，可以总结出机构和学者强调的监管科技有三个核心要点：首先，对监管机构和金融机构而言，通过监管科技来提高监管能力和审查合规性是基本要求，可在此基础上进一步提升监管效率。其次，监管科技能够协调监管机构、金融机构、监管科技公司之间的利益，有效降低摩擦。监管机构能够更快、更准地掌握市场信息，制定更加适宜和全面的监管标准。金融机构能够更准确地理解监管意图，作出合理的业务调整，实现合规以及持续合规。监管科技公司通过提出监管科技解决方案来同时满足监管者和金融机构的诉求，同时有效保护金融消费者。最后，如今金融科技蓬勃发展，金融机构在利用新科技为金融市场创造便捷服务的同时，也产生了一系列新风险，监管科技公司通过应用新技术来降低风险以及丰富监管手段。

二、监管科技的起源

早在 2014 年，英格兰银行的首席经济学家 Andy Haldane 就在一次主题演讲中设想过一种应用技术来驱动监管的新型监管机制。他希望，能像监视全球天气变化和监视全球的互联网通信一样，有一系列的监控器以接近实时的速度追踪全球的资金流动，创建一个全球性的资金流动图，向公众展示资金流向，并且告知哪里有资金溢出以及它们之间的相关性等。2015年3月，英国政府首席科学顾问 Mark Walport 在一份报告①中指出，金融科技有可能被用于监管与合规，使得金融监管与报告更加透明、高效，从而建立起一种新的监管技术机制，即监管科技。

2015 年 11 月，英国金融行为监管局（The Financial Conduct Authority，FCA）首创"监管沙盒"，随即又提出并倡导使用"监管科技"这一概念，从政府层面对监管科技的内涵进行界定，将其描述为"运用新技术，促进金融机构更有效地达到监管要求"。为满足金融危机后更为严格的监管要求，FCA 鼓励金融机构（而非监管机构）运用科技手段以降低合规成本，监管科技开始备受关注。图 9 - 1 为 Google Trend 对监管科技搜索热度随时间变化的趋势图。

伴随着 FCA 对监管科技的大力提倡，英国金融市场上开始有企业为了满足法律合规性、抢先制定行业监管标准等目的而积极参与监管科技，目前主要集中在以下领域：1. 鼓励、培育和资助金融科技企业利用新技术加速达到监管标准，降低监管难度；2. 采用实时、系统嵌入式的金融监管工具，增强对市场的监测能力，提高金融服务企业的效率；3. 利用金融科技企业提供的大数据技术、软件工具等降低监管成本，节省了传统会计、审

---

① 该报告为 FinTech futures：the UK as a world leader in financial technologies。

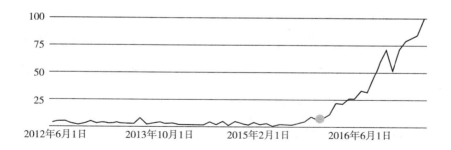

100

75

50

25

2012年6月1日   2013年10月1日   2015年2月1日   2016年6月1日

注：途中圆点为 FCA 提出监管科技的时间。

图 9 - 1   监管科技搜索热度随时间变化的趋势

计等费用；4. 加强数据可视化程度，降低监管难度，更有利于 FCA 为金融机构提供有效的合规指导。

三、监管科技崛起的动因

（一）监管任务繁重

2008 年国际金融危机之后，运用大数据、云计算、人工智能、区块链等技术的金融科技受到重视，并逐渐改变金融业的生态格局。但对新技术本身的架构、优势、局限性以及和金融业务的结合点，监管部门都不完全了解。不仅如此，将新技术应用于金融领域，模糊了原本的金融业务边界，使得监管范围变大，这都使得监管难度陡然上升。此外，金融危机后全球金融环境动荡，监管部门更加关注监管合规，同时也更加严格遵守繁复、冗长的监管法规和监管流程，希望在汇总和分析各类数据报告中提高监管的精度和频度，这在很大程度上给监管部门自身造成了繁重的监管压力，也大大增加了监管成本。

监管科技的兴起对监管部门而言无疑是一道曙光，不仅能够进一步提升自身的监管能力，也能够使自身从繁复的监管中脱离出来。监管机构运用监管科技，一方面，能够降低监管中的信息不对称，更好地观察金融机构的合规情况，及时了解金融产品创新、复杂交易、市场操纵行为、内部欺诈和风险等；另一方面，云计算、人工智能等新技术的运用能够提升自身的监管效率和监管能力，更好地防范系统性金融风险。

（二）合规成本上升

金融危机之后，监管部门对金融服务的监管日趋严格，对金融机构的违规行为处以重罚。据统计，自 2008 年至 2013 年年底，包括美国银行、摩根大通、花旗银行等在内的十大银行总共支付 1000 亿英镑罚金，受罚原因包括洗钱、违反制裁规定及违规发放次级贷款等。传统金融机构，尤其是大型银行更受到了若干新规的严格限制，在很大程度上改变了金融机构的运作方式。和以往相比，它们不得不重视自身的内控和后台，并在合规和风险管理上花费更多精力。以 2013 年为例，全美前六大银行的合规成本高达 700 亿美元。此外，金融危机后的监管环境快速变化，金融机构对未来的监管要求不甚明确，使得金融机构更为迫切地寻找合规的方法。

监管科技的出现给这些金融机构更好地实现合规提供了可能。部分金融机构开始借助云计算、大数据等新技术来帮助自己核查是否符合反洗钱等监管政策，避免高额罚款，提高自身合规效率。监管科技也可以保证金融机构在动态变化的监管环境中遵守规则并通过迭代建模和测试的方式实现持续合规。

（三）传统技术难以满足监管要求

在 20 世纪 90 年代，伴随计算机技术的发展，监管部门开始运用计算机技术构建量化风险管理体系进行监管，并取得了良好的效果。但随着各国金融业的快速发展，各监管部门的监管范围和规模空前扩大，监管遇到越来越多的挑战，如现有的风险信息技术系统缺乏一致性和灵活性、系统维护成本高、难以应对实时性及临时性要求、难以保证风险数据的质量及进行有效管理、获取风险信息的渠道有限等，种种问题都表明传统技术已经难以满足当前的监管要求。

运用新技术、优化监管工具能更有效地助力监管，监管科技丰富了监管手段和方法。通过大数据的运用能够及时、准确地获取、分析和处理具有前瞻性的风险相关数据，建立风险预测模型，实时识别流动性风险，提升监管的及时性和有效性。区块链可以将数据前后相连构成不可篡改的时间戳，大大降低监管的调阅成本，同时，完全透明的数据管理体系也提供了可信任的追溯途径。针对监管规则，可以在区块链链条中通过编程建立共用约束代码，实现监管政策全覆盖和硬控制。

第二节　监管科技的核心技术

目前，已有多项技术得到开发，并作为监管科技的核心技术得以应用。这些新技术主要包括云计算、应用程序编程接口、机器学习、人工智能、生物识别技术、区块链、加密技术等。

一、云计算

随着宽带网络的升级和计算能力的提升，云计算的应用前景愈发广泛。云计算在一定程度上是大数据、人工智能和区块链等技术的基础，借助云计算能够处理更复杂、更精细的数据，保证数据的准确性、提升数据的可视化效果。在机构运行方面，云计算可以创建标准化的共享工具，既能够服务于单个金融机构，又能运用于全行业的多个参与主体间。

二、应用程序编程接口（API）

应用程序编程接口（API）是一些预先定义的函数，在无须访问源代码、理解内部工作机制的情况下，为应用程序和操作人员提供程序接口。API 通过与其他软件程序进行连接，实现信息和数据的交互。将 API 应用于监管，一方面，监管机构可为金融机构提供一系列监管服务的程序接口；另一方面，金融机构可通过 API 自动向监管机构提交监管报告，减少人工数据输入，提高监管报告的准确性，降低金融机构的合规成本。

三、数据挖掘和分析工具

机器学习、人工智能以及其他自动化分析工具的完善，在很大程度上提升了监管机构的监管能力以及金融机构实现合规的效率。基于机器学习的数据挖掘算法，一方面，可以分析大量的非结构化数据，如电子邮件、图像和语音等；另一方面，能对来自付款系统的低质量数据进行分析。此外，机器学习也可以成为压力测试的分析工具，解决传统分析工具难以解决的大规模数据处理难题。

四、生物识别技术

生物识别技术可以自动化识别用户身份，从而满足"客户身份识别"（Know Your Customer，KYC）的应用要求，以此提高工作效率和安全性。

五、区块链

区块链伴随着以比特币为代表的数字加密货币的发展逐渐得到市场的关注，以英国、美国、澳大利亚等为代表的国家及以 IBM、高盛、瑞银等为代表的企业均对区块链进行研究和推广。区块链的突出特点在于其分布式结构和不可篡改性，这在一定程度上提升了数据安全性，因此在数字货币、交易平台、支付系统、证券系统、信息登记等领域具有一定突破。

六、加密技术

加密技术一直是金融业发展的重要技术基础，也是金融安全的关键技术。随着数学研究和计算机能力的提升，很多过去认为安全的加密算法，如 MD5、SHA – 1 等已被破解。此外，量子计算机的开发，将使计算机算力大幅提升，必然也会对传统加密技术带来冲击。研究和推广新的加密技术，可以在实现信息共享的同时，保护用户的隐私并确保数据的安全性和完整性。

第三节 监管科技的应用领域

一、数据处理

监管机构对数据的依赖程度在不断增加，对金融机构的数据处理能力也提出了新要求，而很多金融机构还难以满足监管机构提出的新要求。比如，巴塞尔银行监管委员会（BCBS）提出了有效风险数据聚合和风险报告原则（BCBS 239），规定全球系统重要性银行（G - SIBs）的风险数据需要满足精确性、完整性、实时性和适合性等要求。但是，现阶段很多金融机构的基础设施还不够完善，数据处理能力还较为落后，数据质量无法满足监管要求，需要对数据进行进一步的清洗和加工。

监管科技能够提高金融机构的数据处理能力。第一，借助自然语言处理技术，金融机构不仅能够从网络上获取大量结构化数据，还能够处理非结构化数据；第二，借助云计算技术，金融机构能够创建标准化的数据报告，使不同金融机构之间的数据共享更为便捷，拓宽金融机构数据获取的渠道；第三，借助加密技术，金融机构之间的数据共享会更加安全，同时也能确保数据的隐私性和完整性。

二、客户身份识别

客户身份识别是指金融机构在为客户提供金融服务之前，需要全面了解客户，确保客户身份资料的真实性、有效性和完整性。客户身份识别是实现反欺诈和反洗钱的重要举措，通过对客户身份的核实和商业行为的了解，金融机构能够有效地发现、报告和阻止可疑交易行为。

近年来，随着互联网进一步渗透到公众的日常生活中，金融机构通过互联网能够为客户提供更加便捷的金融服务，但是互联网的虚拟性也提升了客户身份识别的难度。

生物识别技术不仅能够解决互联网带来的身份识别难题，还能够提高客户身份识别的效率。一方面，指纹和虹膜等生物信息具有唯一性、稳定性和难以复制等特点。金融机构只需对客户提供的生物信息进行识别，就能够快速、有效识别客户身份的真伪，这整个过程均可在互联网上完成。另一方面，生物识别技术与肉眼识别相比，能够并行处理多个客户的请求，效率更高，客户能够更快地享受金融服务。

三、压力测试

压力测试是一种以定量分析为主的风险分析方法，分析金融机构在极度恶劣的市场环境中应对风险的能力。压力测试可以分为情景测试和敏感性测试。情景测试按情景不同又可以分为历史情景测试和假定情景测试。历史情景测试主要是针对历史上发生过的"黑天鹅"事件进行测试，而假定情景测试则是针对尚未发生的情景进行测试。敏感性测试是评估风险参数瞬间大幅变动对金融机构造成的冲击。压力测试能够帮助金融机构充分了解潜在风险和财务状况之间的关系，预先制定应对措施，减少极端情况给金融机构造成的损失。但是，现阶段的压力测试还面临三个问题：一是变量有限；二是测试静态；三是被动测试。而监管科技企业运用大数据、人工智能以及云计算等技术能在一定程度上解决上述问题。

首先，大数据技术能够将更多变量纳入压力测试中。在压力测试中，金融机构需要考虑数以千计的变量。尤其是在情景测试中，为了能够更好地还原或模拟现实情景，需要考虑更多变量。比如，美国某投资机构在进行压力测试时考虑了 2600 多个宏观经济变量①。传统的分析工具无法处理如此巨大的数据量，因此会根据经验或者学术研究的结论，仅选择几个关键变量进行测试。大数据技术能够处理大规模的数据，对更多的变量进行分析，减少由于变量有限而造成的情景失真，更好地进行情景测试。

其次，人工智能能够实现压力测试的动态化。当前的压力测试是一个静态的过程，但风险却随时都可能发生，仅在特定时点进行压力测试能达到的效果较为有限。监管科技企业运用人工智能技术，能够根据金融机构财务数据的实时变化情况，为金融机构提供动态化的压力测试服务。动态化的压力测试能够帮助金融机构及时发现风险，在风险较小时就采取处理措施，防止风险积累到难以控制的程度。

最后，云计算能够降低压力测试的成本，帮助金融机构实现"自合规"。现阶段，金融机构的压力测试都是被动测试，即监管机构提出压力测试的要求，金融机构才进行测试，而不是主动将压力测试作为内部风控的工具。造成这种情况的主要原因是压力测试的成本比较高，需要金融机构配置相应的基础设施和人力资源。借助云计算平台，监管科技企业能够为

---

① IIF. RegTech in Financial Services：Technology Solutions for Compliance and Reporting ［R］. 2016.

金融机构提供压力测试解决方案，金融机构不需要配置基础设施和人力资源，只需在云计算平台上购买所需的解决方案就能进行压力测试，从而大幅降低压力测试的成本。当成本降低之后，金融机构可以主动进行压力测试，实现"自合规"，这样还能够避免因未通过压力测试而带来负面的社会影响。

四、市场行为监控

市场行为监控是监管机构稽查欺诈行为和洗钱操作的重要措施。随着技术的进步，当前已经能够对部分交易行为进行实时追踪，但要找出各个交易行为之间的关系却并不容易。这主要有两方面原因：一是数据规模庞大，监管机构基础设施的运算能力不足；二是主体关系较为复杂，很多关系只有深入挖掘才能发现。知识图谱能够从庞大的交易行为中挖掘出深层信息，将主体和主体之间的交易以关系图的形式表现出来，监管机构不仅能够清晰地发现各个交易主体之间的关系，而且能够从中获取到传统方式难以获取的深层信息。比如，假设在知识图谱呈现的关系图中出现"闭环"，监管机构就需要留意环中的各个交易主体，判断这些交易主体之间的关系，分析这些交易主体是否正在通过相互交易来提升营业收入或达成其他非法目的。

五、法律法规跟踪

金融机构的合规难度在不断提升。一方面，金融机构的法务人员不仅要学习以往的法律法规，还要学习和分析最新发布的法律法规，研究这些法律法规对现有业务可能会造成的影响。另一方面，随着全球化进程的推进，金融机构不仅需要满足本国的法律法规，还需要了解其他国家或国际组织的监管文件。根据 IBM 公布的统计数据，2015 年，全球共出现 2 万份新的监管文件，预计到 2020 年，全球银行领域的监管文件将累计达 3 亿多页，而这已经超出人类的学习能力。

人工智能不仅能够掌握已有的法律法规和监管案例，而且还能够快速学习最新的法律法规和监管案例，实时更新知识体系。当金融机构由于法律法规发生变化而导致原有业务不合规时，人工智能能够及时提醒金融机构，使金融机构可以在第一时间更正现有业务，降低金融机构的法律合规风险。此外，人工智能的数据处理速度较快，能够快速学习全球的监管文件，并分析不同国家监管文件之间的关联性和差异性，帮助金融机构合法地开展跨境业务。

第四节　监管科技对金融主体的影响

监管科技作为一种"以科技应对监管"的颠覆性创新，对监管机构和金融机构的发展都是必不可少的。对于监管机构而言，监管科技在提升监管水平、降低监管成本、持续监管创新以及防范监管套利等方面有不错的应用表现。对于金融机构而言，在短期，监管科技可以帮助金融机构自动处理合规相关的任务，节约合规成本；提供基于大数据分析技术的风险决策系统，使其更好地控制和管理合规风险；提高金融机构响应监管变化和迅速执行及部署的应变能力，使之持续合规。在长期，监管科技可以帮助金融机构切实维护消费者权益，提升客户体验、改善公司治理水平并提高市场竞争力。

一、监管科技对监管机构的影响

（一）提升监管水平

随着金融创新的不断提升和突破，监管机构需提升其监管水平，切实履行监管职能，加大金融监管力度，维护金融秩序，促使金融业合法、稳健运行。但监管机构的传统做法大多是事后监管，往往是等问题出现后，再集中力量进行调查和处理，在工作中难免处于被动地位，难以实现监管的实时性和有效性。

监管科技作为金融科技的重要分支，运用云计算、大数据、区块链、情景分析和人工智能等技术，可以实现监管数据收集、整合和共享的实时性，有效监测金融机构违规操作和高风险交易等潜在问题，满足监管机构的监管需求。此外，监管机构运用监管科技智能监管系统能够提前感知和预测金融风险态势，提升风险预警的能力。

（二）降低监管成本

在以往的监管审查中，监管机构需要抽调大量人力、物力，花费大量的时间去审核金融机构业务操作的合规性和财务报表的真实性，对违规的金融操作进行现场检查。尽管如此，仍不能保证现场检查过的机构不作假，监管成本高且监管效率不佳。

监管科技解决方案可以帮助监管机构实现监管流程的自动化和智能化，进而为其降低监管成本。首先，监管科技为其提供更为自动化、智能化的数据收集、整理和分析的方法，降低数据处理成本。其次，采用机器学习可以检测金融机构违规行为。最后，设置"机器学习＋自动预警"和执法系统，一旦发现违规行为，可立即发出风险预警信号。比如，实时支付交易监测一直以来存在监测数据质量低、一致性差等系统性问题，这为洗钱等非法活动提供了空间。监管机构发现并打击这些非法活动需要投入更多的人力和物力，而监管科技解决方案提供的自动化和智能化检测可以为其节省大笔监管开支。

（三）持续监管创新

如今，在快速变动的金融市场，银行业与非银行金融业、金融业与非金融业以及货币资产与金融资产的边界正在变得越来越模糊。这势必会导致监管机构原有的监管范围、监管方式以及技术和流程产生诸多不适，并出现监管空白地带。监管机构秉承开放共赢的精神，加强与监管科技公司的合作，可以深入了解新型金融产品、服务、商业模式和交付机制。同时，通过监管与科技的深度融合，监管机构可以实现机构的内部创新，提高监管的创新能力和技术水平，从而更科学、严谨、快速地制定金融技术创新和模式创新的监管标准、监管规则和监管框架，厘清监管职责范围，明确监管力度和方向，培育良好的金融创新监管生态体系。

（四）防范监管套利

监管套利是市场主体利用制度差异性所创造的套利机会，从而达到降低监管成本、规避监管审查以及获取超额收益的行为。2008 年国际金融危机之后，一些金融科技公司充当影子银行的角色，在金融市场上从事类似银行的业务，但并未受到类似的监管，监管系统存在的漏洞为金融科技公司实现监管套利提供了可能。

相比人工监管，监管科技在人工智能和机器学习等强大技术支撑下，帮助监管机构更易发现监管漏洞和不合规情况，有效遏制监管套利行为的发生。

二、监管科技对金融机构的影响

（一）短期影响

1. 节约成本。金融机构使用监管科技解决方案，可以自动化分析海量的公开和私有数据，核查是否符合反洗钱（AML）等监管政策。不仅如此，金融机构利用监管科技新兴数字技术，可实现合规程序和人工报告的数字化，以最小成本达成不同监管机构的合规要求，减少人工干预和重复检查的次数，从而大幅降低人力成本以及遵循法规所产生的合规成本和负担。

2. 提高风险管理能力。风险管理是确保金融机构日常业务安全运营和长远健康发展的基石。金融机构借助监管科技，在基于大数据技术和软件集成工具的风险管理应用中有诸多优势。一方面，监管科技将金融机构的非结构化数据和定性数据以及可疑的交易模式以可视化和水平扫描方式进行分析和解释，帮助监管人员查看并理解数据，及时获取分析结果。另一方面，监管科技运用机器学习实时监测金融机构业务运营活动，积极识别风险和潜在问题，并根据合规参数提供有益建议，实现金融机构风险框架和内部控制的无缝衔接，从而完善自身合规管理体系。

3. 持续合规。金融机构不仅要遵守监管的现有规定，还需积极应对监管新规。因此，金融机构不仅需要持续进行审计、报告、管理等活动以符合现有规定的合规要求，还需考虑监管规则的变化，为监管新规的战略和计划的实施做好准备。监管科技解决方案致力于帮助金融机构跟进法律法规和监管要求的变化，强化对监管法规的理解能力，提高响应监管变化和迅速执行及部署的应变能力，并以最小扰动快速融入机构现有系统，更好地执行和落实监管制度。

（二）长期影响

1. 提升客户体验。监管科技解决方案将有助于提升客户体验。例如，一个强大的风险欺诈检测平台，利用各类欺诈检测工具对客户行为进行深入研究，并对欺诈风险迅速作出准确判断，缩短交易时间，减少客户身份验证的次数，提高交易效率。此外，数字加密技术能保证客户个人信息和财务信息更加安全，在保护客户的消费者权益的同时，使客户可以放心交易，进而提升客户体验。

2. 改善公司治理水平。金融监管作为金融机构外部治理的一部分，与公司治理休戚相关。金融机构运用科技来处理资产安全、交易安全、法规遵循等问题，有助于完善其内部控制功能，提高公司治理能力和风险管理水平，积极推进公司内控合规和日常经营活动朝着更为透明化的方向迈进。

3. 巩固市场竞争力。在金融深化改革的背景下，金融机构面临日趋收紧的监管挑战和激烈的市场竞争，强化内部风险管理机制是提升其经营能力和市场竞争力的必然选择。监管科技解决方案不仅可以改善客户体验，也可以维护金融机构的财务健康，加强自身风险防控能力，有效减少风险事件的发生，从而巩固自身市场竞争力。

第五节　案例分析

监管科技正处在蓬勃发展阶段。FinTech Global 发布的调查报告指出，2016 年全球共有 70 家监管科技企业获得融资，融资额达 6.78 亿美元。在 H2 Venture 和 KPMG 推出的 2016 年金融科技百强榜中，也有 9 家监管科技企业成功入围。为了更直观真实地介绍监管科技的细分领域，呈现监管科技最前沿、最真实的发展动态，本节选取了 4 家具有代表性的监管科技企业进行分析。

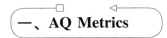

一、AQ Metrics

AQ Metrics 是一家专注于金融监管合规领域的软件提供商，2012 年在爱尔兰都柏林创立。公司通过云计算平台为投资经理、资产管理机构和证券公司等客户提供数据聚合、风险防范、自动化报表和监管合规等服务。

AQ Metrics 提供的风险登记表解决方案能帮助客户更加系统地管理风险。风险登记表解决方案具体包括以下三个方面：第一，记录风险分析的过程和风险应对的结果；第二，报告企业内各个部门的风险和风险的集中点；第三，通过提供简单易懂的风险报告，将企业的风险管理和行为规范相匹配。

AQ Metrics 提供的 MiFID Ⅱ（Markets in Financial Instruments Directive Ⅱ）解决方案能帮助客户达到 MiFID Ⅱ 的监管要求。2018 年 1 月 3 日，

MiFID Ⅱ将在欧盟所有成员国生效实施。依据 MiFID Ⅱ的相关规定，公司应尽可能实时向市场参与者发布合格金融工具（包括股票和非股票金融工具）的所有交易细节。对于某些金融工具来说，这意味着需要在交易后的1分钟之内发布报告，而现阶段欧盟市场上只有10%的金融机构能够达到这个标准。AQ Metrics 所提供的 MiFID Ⅱ解决方案能够为客户提供自动化报表服务，协助客户在报告精确度和资料收集时效性等方面满足监管要求。

GAFM（Gandon Alternative Fund Management）是 AQ Metrics 的客户之一，是一家专注另类投资的基金公司，在其规模扩张的过程中，REITs、衍生品和 FOFs 等产品都需要满足合规条件。AQ Metrics 通过云计算平台为 GAFM 提供的合规服务解决方案，借助多种合规和风控模型，帮助 GAFM 连续4年满足新增的监管要求。

二、Trulioo

Trulioo 于2011年在加拿大温哥华成立，是一家客户身份识别服务商。公司拥有200多个独立数据源，数据除公共记录、信用报告和政府数据外，还包括社交网络、移动应用和电子商务平台上的行为数据。公司服务遍布全球60多个国家，覆盖人群超过40亿人。

Trulioo 为金融机构提供 Global Gateway 解决方案。Global Gateway 解决方案为金融机构提供电子身份认证（electronic Identity Verification，eIDV）服务，帮助金融机构验证个人网络身份。当客户在互联网上填写完身份信息后，Global Gateway 解决方案运用机器学习算法，判断客户身份信息是否真实，帮助金融机构满足反洗钱和客户身份识别等方面的监管合规要求，降低合规成本和操作风险。Global Gateway 解决方案有 Normalized API 和 XML Direct 两种接入方式，前者为金融机构提供标准化的综合服务，后者可以依据金融机构的具体需求定制身份识别服务。

三、Comply Advantage

Comply Advantage 创立于 2014 年，总部位于英国伦敦。Comply Advantage 是一家监管科技企业，主要利用人工智能技术帮助客户履行合规义务以应对日益复杂的监管需求。截至 2016 年 10 月，公司共有 200 多个客户，以银行、保险等金融机构为主，也包括其他高风险企业。

现阶段，Comply Advantage 主要提供以下三方面业务：反洗钱数据监控、客户身份识别和实时转账交易检测。Comply Advantage 拥有个人、企业以及合作企业的专有数据库，利用人工智能和大数据技术分析最新数据，提供金融犯罪风险方面的实时动态检查，为企业生成高风险人群和公司名单。

以保险行业为例，Comply Advantage 为保险公司提供以下四方面服务：一是监控交易行为以防范欺诈和洗钱风险；二是识别潜在骗保行为；三是构建产品和客户风险框架；四是跟进监管环境的变化。

四、Watson Financial Services

Watson Financial Services 是 IBM 收购咨询公司 Promontory 金融集团后组建的子公司。Promontory 是一家在风险管理和监管合规方面全球领先的咨询公司。Watson Financial Services 将 Promontory 在金融监管方面的专业知识和 IBM 人工智能系统 Watson 的认知技术进行融合，帮助银行满足日渐增多和频繁变化的监管要求，比如建设反洗钱检测系统、客户投诉数据库以及进行压力测试。

Promontory 金融集团拥有 600 多名金融监管领域的专家，这些专家对 Watson 系统进行训练，使其不断学习和消化法律法规和现实世界的案例，在此基础上通过 IBM 云平台为金融机构提供解决方案。解决方案包括跟踪金融机构在法律法规中需要履行的义务和监管机构对金融行业的期望，还包括为金融机构提供建模服务，监测金融机构的外部风险和内部威胁，防范欺诈和洗钱等金融犯罪行为。

后 记

金融监管的加强虽然提高了合规的成本，但金融监管不是为了束缚金融行业的发展，而是为了保护金融行业的发展。因为，只有风险可控，竞争有序，金融消费者的利益得到保护，才有金融行业的可持续发展。2013年以来，国内互联网金融快速发展，相应地积累了各种问题及风险。针对这种情况，2016年4月开始，中国人民银行联合多部委开展了为期一年的互联网风险专项整治工作，互联网金融监管政策密集出台。在这种背景下，我们筹划了本书的编写工作，希望能对互联网金融的风险与监管作出系统的梳理与分析。

至2017年9月截稿，本书的筹划、编写、校对及修改历时9个月。在这段时间中，互联网金融风险专项整治工作正在推进，原定于2017年6月进行监管验收，但由于工作的复杂性，中国人民银行等十七部委在6月联合发布通知，将整改延期至2018年6月。同时，互联网金融行业仍在发展变化中，有新的问题和风险出现，全国性的以及地方性的互联网金融监管新规陆续出台，对遗留问题或新出现的风险进行治理。比如，由于余额宝规模的快速上升，证监会在2017年8月底发布的《公开募集开放式证券投资基金流动性风险管理规定》中提出将制定针对具有系统重要性货币基金的监管规则。所以，在本书的写作过程中，我们也见证了互联网金融行业的发展以及监管体系建设的推进。为了纳入互联网金融行业与监管的最新动态，书稿几经修改与补充。这虽然增加了编写的工作量，但我们乐见互联网金融行业更趋规范有序，监管更趋全面成熟，因为这是互联网金融行业长久健康发展、践行普惠金融和保护金融消费者利益的基础。

本书的出版是多方共同努力的结果。首先感谢参与书稿审校的同事张国东，为前期的修改做了很多工作。另外，特别感谢中国金融出版社陈翎主任及其同事，他们在本书的出版过程中，对书稿进行了严谨细致的校对和精心的编辑，并提出了宝贵的修改意见。

编写组查阅了大量资料，并密切跟进行业和监管的最新动态，对互联网金融各业态的风险做了深入分析，对相关监管政策做了细致的梳理，对当前监管政策中存在的不足提出了建议，希望能为监管层及互联网金融从业者提供借鉴，为行业健康发展及践行普惠金融贡献绵薄力量。由于笔者能力有限，难免出现疏漏，文中观点也难免有不尽成熟之处，希望读者不吝批评指正。